【中国人格读库】

国家新闻出版广电总局

培育和践行社会主义核心价值观主题出版重点出版物

诚信

高占祥 主编

朱宝元 著

北京时代华文书局

图书在版编目（CIP）数据

诚信 / 朱宝元著 . -- 北京 : 北京时代华文书局 , 2016.1（2022.3 重印）
（中国人格读库 / 高占祥主编）
ISBN 978-7-5699-0744-5

Ⅰ. ①诚… Ⅱ. ①朱… Ⅲ. ①品德教育—青少年读物 Ⅳ. ① D432. 62

中国版本图书馆 CIP 数据核字 (2015) 第 318018 号

诚 信

Chengxin

主　　编 | 高占祥
著　　者 | 朱宝元

出 版 人 | 陈　涛
责任编辑 | 邢　楠
装帧设计 | 程　慧　段文辉
责任印制 | 訾　敬

出版发行 | 北京时代华文书局 http://www.bjsdsj.com.cn
北京市东城区安定门外大街 138 号皇城国际大厦 A 座 8 楼
邮编：100011　电话：010-64267955　64267677
印　　刷 | 三河市嵩川印刷有限公司　0316-3650395
（如发现印装质量问题，请与印刷厂联系调换）
开　　本 | 787mm×1092mm　1/16　印　　张 | 9　字　　数 | 85 千字
版　　次 | 2016 年 1 月第 1 版　印　　次 | 2022 年 3 月第 3 次印刷
书　　号 | ISBN 978-7-5699-0744-5
定　　价 | 36.00 元

社会主义核心价值观与中国人格

周殿富

社会主义制度在中国已经建立了六十余年，而我们党则在本世纪初叶提出了培育弘扬社会主义核心价值观的重大课题，显然是其来有自。

社会主义的道德风尚在新中国蔚然兴起，曾经那样地风靡于二十世纪中叶。邓小平同志曾经在改革开放中讲过，当年“这种风气不仅是中国历史上从来没有过的，而且受到了世界人民的赞誉”。然而可惜的是，这个在社会主义制度建立与实践中，同步兴起的社会主义道德风尚的成长道路，却是一波四折。半个多世纪以来，它先是与共和国一道遭受了十年“文革”的浩劫；接着便是全党工作重心转移到改革开放进程中，欧风美雨“里出外进”的浸洗濡染；再接着是西方“和平演变”在东欧得手的强烈震荡与冲击；最后又是市场经济中那两只“看不见的手”在搅动着、嬗变着人们的价值取向。至少在国民中出现了价值观上的多层次化，传统美德的弱化，社会道德文明水准的退化，光荣革命传统的淡化，这也许正是中央在本世纪初提出社会主义核心价值观的原因吧。

不管怎么“变”，怎么“化”，当我们回首来时路，却不能不说，中华民族真的很强大，很值得骄傲。人类经历了几千年的文明进程，堪称世界文化之源的“五大文明古国”，其他四大古国文明都已被历史淘汰灭亡，只有中国成了唯一的延续存在。近现代即使那般的积贫积弱，被西方列强豆剖瓜分、弱肉强食，想亡我中华都不可能，就连最强大的美帝国主义，最凶残的日本军国主义都成为我们的手下败将，而且打出了一个新中国，且跨过整整一个历史阶段，直接进入了社会主义。西方敌对势力几十年不遗余力地对新中国百般围剿，“冷战”“热战”“和平演变”手段用尽，连如此强大的前苏联乃至整个苏东阵营都被瓦解了，而社会主义的旗帜仍旧在960万平方公里的土地上高高飘扬，而且昂首挺胸地屹立在世界的东方，中国真的是太强大了。几十年来的瞩目成就，竟然令西方发出了“中国威胁论”。你管他别有用心也好，言过其实也好，总比让别人说我们是“瓷器”，是“东亚病夫”好吧？1840~1949年的一百零九年间，中国尽受别人的欺负、“威胁”了，我们也能让那些昔日列强有点“威胁感”，又有什么不好？更何况这是他们自己说的啊！我们并没吹嘘，也没有去做。几千年来我们侵略过谁呢？“反战”“非攻”“兼相爱，交相利”，中国古有墨子，近有周恩来、邓小平同志。这也是中华民族固有传统美德的延续吧！

生于忧患，死于安乐，这也当是中华民族的一个传统美德吧？几十年来尽管中国如此繁荣兴旺，但从邓小平生前一直到党的“十八大”以来，无论哪一届中央领导集体，从来都没有忘记过国之忧患。忧在何处，患在何处呢？

二十世纪八十年代末，邓小平同志曾经在半年的时间内四次提到：中国改革开放十年最大的失误在教育，在“对青年的政治思想教育抓得不够”“对人民的教育不够”，足见他的痛心疾首。他晚年时又提到了“国格”与“人格”的问题，讲道：“谈到人格，但不要忘记还有一个国格。特别是像我们这样第三世界的发展中国家，没有民族自尊心，不珍惜自己民族的独立，国家是立不起来的。”

（精装版《邓小平文选》第3卷331页。）

人们很少注意到邓小平的这一段话，但邓小平恰恰是在这里把“国格”“人格”提升到了事关“立国”的高度。

那么，什么是我们社会主义的“国格”呢？邓小平讲得很明白：“民族自尊心”“民族的独立”。

新中国一路走来，我们最大的尊严便是完全靠“自力”，靠“艰苦奋斗”，而达“更生”之境。对西方敌对势力的“冷战”“热战”“和平演变”，我们何曾有过屈服？也正是在这一前提下，我们才有真正的“民族独立”。这就是我们的国格。那么什么是我们中国人的人格呢？邓小平同志在这里没有讲，但他在1978年4月22日召开的全国教育工作会议上的讲话中，在讲到我们的教育培养目标时，至少提到与社会主义人格相关的各个方面：革命的理想，共产主义的品德，勤奋学习，严守纪律，艰苦奋斗，努力上进，爱祖国，爱人民，爱劳动，爱科学，爱护公共财产，助人为乐，英勇对敌，集体主义精神，专心致志地为人民工作，等等。这里的哪一条不属于社会主义人格的范畴呢？

2006年党的十六届三中全会，第一次提出了“建设社会主义核心价值体系”的历史性命题和战略任务。2007

年，胡锦涛同志在“6·25”讲话中又具体提出这个“体系”包括四个方面的内容：①马克思主义的指导思想；②中国特色社会主义共同理想；③以爱国主义为核心的民族精神和以改革创新为核心的时代精神；④社会主义荣辱观。这四个方面，一是信仰，二是理想，三是精神，四是道德文明，哪一个不在社会主义人格的范畴之内呢？党的十七届六中全会又提到了社会主义核心价值体系是“兴国之魂”。

2012年11月，在党的“十八大”上又用“三个倡导”把社会主义核心价值观概括为十二项：①倡导富强、民主、文明、和谐；②倡导自由、平等、公正、法制；③倡导爱国、敬业、诚信、友善。而且中办文件又把这“三个倡导”分为三个层面：第一个“倡导”的四项，是国家层面的价值目标；第二个“倡导”的四项，是社会层面的价值取向；第三个“倡导”的四项，是公民个人层面的价值准则。实际上前两个“倡导”的八项都是属于“国格”范畴，而第三个“倡导”是属于“人格”范畴。

那么，我们怎样才能在前面讲到的那些历史嬗变中培育建构起这个“核心价值观”呢？中共中央政治局的第十三次集体学习，似乎很明确地回答了这个问题。

新华社北京2014年2月25日电讯称：中央政治局在2月24日，以弘扬社会主义核心价值观，弘扬中华传统美德为内容，进行了集体学习，习近平总书记在主持学习时强调：

培育和弘扬社会主义核心价值观必须立足中华优秀传统文化。牢固的核心价值观，都有其固有的根本。抛弃传统、丢掉根本，就等于割断了自己的精神命脉。博大精深的中国优秀传统文化是我们在世界文化激荡中落稳脚跟的根基。中华文化源远流长，积淀着中华民族最深层的精神追求，代表着中华民族独特的精神标识，为中华民族生生不息、发展壮大提供了丰厚滋养。中华传统美德是中华文化精髓，蕴含着丰富的思想道德资源。不忘本来才能开辟未来，善于继承才能更好创新。对历史文化特别是先人传承下来的价值理念和道德规范，要坚持古为今用、推陈出新，有鉴别地加以对待，有扬弃地予以继承，努力用中华民族创造的一切精神财富来以文化人，以文育人。

习近平总书记的这段论述相当精辟，对于如何培育建构社会主义核心价值观问题从四个方面剀切明白。

第一，他明确指出要在中华优秀传统文化的基础上，来构造我们的社会主义核心价值观，而不能割断历史。这一条十分重要，否则我们便会失去我们的本来面目，便会成为无源之水，也就无法走向未来。

第二，指出了中华传统美德是中华文化精髓，蕴含着丰富的思想道德资源。这就为我们揭示了社会主义核心价值观，要以弘扬优秀的中华传统美德为基础。

第三，他指出，对传统文化在扬弃中继承，在继承中创新。这就是说，社会主义核心价值观的内涵，既要有优良传统的文化精神，也要有时代精神，是二者的有机结合。

第四，他指出要用中华民族创造的一切精神财富，来化人育人。这就是说，弘扬中华民族文化，并不只是传承儒学那些道统，而是要弘扬全民族共创的优秀传统文化。同时也就是说，培育、弘扬社会主义核心价值观的根本目的是化民、育人。

尤其值得瞩目的是，习近平总书记在这次讲话中提到了一个“中华民族独特的精神标识”问题，而在同年的全国组织部长会议上又提出我们再也不能以GDP论英雄的思想。让人欣慰的是，思想道德文化建设终于被提升到一个民族的标识地位，这至少表明中国人的思想观念，并不落伍于世界潮流。

并不受人欢迎的亨廷顿生前给他的祖国提出的警示忠告，竟是如何弘扬他们没有多少历史和文化的“传统文化”：“盎格鲁新教精神——美国梦”，以此为国家的“文化核心”问题。他讲道：“在一个世界各国人民都以文化来界定自己的时代，一个没有文化核心而仅仅以政治信条来界定自己的社会，哪有立足之地？”所以，他提醒他无限忠于的祖国，一定要巩固发扬他们自入居北美以来，在新教精神基础上形成的“美国梦”理念的“文化核心”地位，这样才能消解这个国家的民族与文化双重多元化的危机。为此，他甚至预言美国弄不好会在本世纪中叶发生分裂。而且他公开预言不列颠大英帝国也会因民族与文化多元化的问题，导致在本世纪上半期发生分裂。

西方的一些专家学者们也十分强调国家民族文化的地位问题，柏克说：“全世界的人根据文化上的界限来区分自己。”丹尼尔同样说：“保守地说，真理的中心在于，对一个社会的成功起决定作用的是文化，而不是政治。开明地说，真理的中心在于，政治可以改变文化，使文化免于沉沦。”这些语言也可能有它们的局限性与某种非唯物性，但至少可以让我们看到那些发达的资本主义国家在想什么，至少与马克思主义经典作家们，关于意识形态并不总是消极被动地接受它的经济基础的论断并不相悖。

中国显然具有世界上最悠久的民族文化，同时显然也拥有世界上最强大的政治优势。新中国包括它直接进入社会主义的经济形态，以及其后的一次次经济变革，哪一次不是靠政治力量在强力推动呢？它当然同样拥有让我们几千年的民族文化“免于沉沦”的能力。有学人认为我们的民族文化早就被以往一次次的历史性灾难割裂了，这个看法显然都是毫无道理的。但我们当下却确实面临着“两个传统”失传失统的危险。中国的传统文化与优秀的民族美德，在当代国民中还有多少传承？老一代中国共产党人用生命与鲜血铸就的光荣革命传统，在党内还有多少“光大”？我们现在全民族的“核心文化”到底在何处？“社会主义核心价值观”的提出不仅符合世界潮流，也是使我们优秀的民族文化得以传承而不发生历史断裂的根本保证。富和强永远都不是一个民族的标志，哪个国家不可以富，不可以强？但能代表中国“这一个”本来面目，具有自己民族特色的，唯有中华民族的文化，能代表中国人形象的只有中国独具的道德人格。什么是人格？人格就是原始戏剧中不同角色的本来面目。

综上所述，我们是不是可以这样认为，社会主义核心价值观应内含如下的成分：中华民族传统文化中的优秀传统美德；中国人民近现代反帝反侵略反封建的爱国主义、斗争精神与中国共产党领导下形成的几十年光荣革命传统；中国化了的马克思主义有中国特色社会主义的共同理想；与“中国梦”远大目标相适应的时代精神。由这些内涵构成的社会主义核心价值观，用它来干什么呢？用习近平总书记的话来说就是“化人”“育人”，把它再具体化一下，无非是打造能体现中华民族特色，代表中国形象的国格、人格。在思想道德层面上，一个国家的民族精神也只有在人的身上才能体现，所以我们依据社会主义核心价值观的基本要求，针对当代青少年的实际情况，策划了《中国人格读库》这样一套大型系列选题。

本套书承蒙全国少工委、中华文化促进会、团中央中国青年网三家共同主办推广，并积极提供书稿。难得高占祥老前辈热情出任该套书的编委主任，且高占祥同志不辞屈就加盟主创作者队伍。一些大学、中学教师与青年作者也积极加盟此套书的编写。该选题被国家新闻广电出版总局列为2014年全国社会主义核心价值观重点选题，在此一并鸣谢。

希望本套书的出版能为社会主义核心价值观的培育与弘扬，为促进青少年的道德人格养成起到积极的作用。欢迎广大读者与作家对不足之处批评教正，多提宝贵建议与指导意见。

谨以此代出版前言并序。

二〇一四年十月

于北京时代华文书局

目录

第一章
诚信是什么？

一、中国自古以来就有诚信的观念

中华民族自古以来就是一个重视道德观念、重视自身人格建设的民族。诚信作为中华民族的精神文明的重要组成部分，中国古代的有识之士很早就开始对诚信的概念进行阐述和论证，几乎所有重要的思想家都对诚信有自己的思考。我们今天要提倡诚信，首先应当知道诚信的源流，明白诚信到底是什么意思，这样才能更好地继承和发扬诚信的精神，完善自己的人格。这样就需要追根溯源，了解诚信最初是什么意思。

在最开始的时候，“诚”和“信”是两个概念，后来因为它们之间有内在的联系，所以才慢慢联系在一起使用了。我们分别先来看看这两个字是什么意思，然后再看看它们合起来是什么意思。

“诚”字现在可以追溯的最早字形是金文，在这种早期的文字中，它是一个形声字，是由两个部分组成的，左边是一个“言”，右边是一个“成”。中华民族的远古先民在造

“诚”这个字时赋予了它“以行成言”的意思，也就是说：行动和说出的话相符，就是“诚”。还有一种说法认为，左边的“言”，造字之初实际上就是一个“舌”字，表示嘴里说出的话就是言。“诚”的这种意思代代相传，一直没有偏离它最初的意思，后世的学者思想家们强调诚信要“言必信，行必果”，也是根据“诚”最初的意思推导出来的。

说出来的话就要做到，这听上去简单，但是真正能做到的人是十分值得钦佩的，在中华民族五千年的文明史上，有很多这种人，他们为了信守诺言，做到“诚”，下了很大的功夫，做出了重大的牺牲，在中华民族的精神史上留下了光辉的一笔，唐朝的鉴真和尚就是其中的一位杰出代表。

唐朝是中国历史上繁荣开放的时期，也是对外交流十分频繁的时期。鉴真是盛唐时期前往日本传播唐代文明和佛教文化的高僧，他历经磨难矢志不渝，是中日文化交流史上的重要人物，受到中日两国人民的推崇。鉴真东渡日本，不仅传播了佛教。而且在建筑、雕塑、医药、文学、饮食等各方面对日本文化产生了重大深远的影响，被日本人民尊敬地称之为“盲圣”、“日本律宗太祖”、“日本医学之祖”、“日本文化的恩人”等。而他六次东渡的壮举，最开始就是来自一句诺言。

鉴真和尚十四岁在扬州大云寺出家，精研佛教律宗学说，五十五岁时，鉴真成为扬州大明寺的住持，听过他讲法的人有四万之多。公元742年，扬州来了两位日本留学僧荣睿、普照，

刻在甲骨上的早期文字

他们久闻鉴真的大名，佩服鉴真的学问，恳请鉴真东渡日本传教，也为日本信徒受戒。当时去日本只能穿越万顷波涛的大海，是一件万分凶险的事情。大明寺的僧人们一个个默然不出声，只有鉴真缓缓开口说：为了弘扬佛法，我愿意舍命东行。鉴真这一段斩钉截铁的话，开启了六次东渡的序幕，也用自己剩下的生命见证了一个“诚”字。

公元742年冬，鉴真和二十一位弟子、四名日本僧人开始了第一次东渡的准备。他们到扬州附近的东河既济寺建造船只，因为穿越大海的船建造起来十分复杂，所以需要地方官员的支持。幸好当时日本僧人手中有李林宗写的信，李林宗是宰相李林甫的堂兄，有了这一层关系，扬州仓曹李凑也来帮助他们准备东渡的事情。刚才说过“诚”字从“言”，与言语有关。鉴真大师的东渡是为了践行自己的话，也因为话语的缘故受到了阻碍。鉴真有一位弟子叫道航，他平时就好诙谐，在准备东渡的时候，他与一名师弟如海开玩笑说：“人皆高德行业肃清。如如海等少学可停却矣。”如海听了这话，以为真的要把自己扔下，一气之下竟然跑到官府，向地方官举报说鉴真等人造船是要和海盗勾结在一起攻打扬州。扬州是著名的海港，海上贸易发达，因此海盗也十分猖獗。淮南采访使班景倩听到如海这样说，大吃一惊，派人把参与东渡的所有僧人都抓了起来，虽然没有多久事情就弄清楚了，鉴真等人也被释放，但班景倩还是勒令日本僧人立刻回国。鉴真大师第一次东渡还没有出发就失败了。

公元744年，经过更加周密的筹备，鉴真带领着十六位僧人，还有雇佣的各种工匠，一共一百多人再次出发。结果他们尚未达到大海，便在长江口的狼沟浦被风浪打沉了船。在当地渔民的帮助下修好了船，刚一出海，又遇到了大风暴，风把他们的船一直吹到了舟山群岛，他们好不容易靠上了一座小岛，在岛上待了五天才获救，被安置到浙江宁波阿育王寺。转眼已经是春天了，绍兴、杭州、湖州、宣城各地寺院都来邀请鉴真去讲法，第二次东渡又不得不结束了。

结束在各地的巡回讲法之后，鉴真回到阿育王寺，准备第三次东渡。越州的僧人知道这件事情之后，十分担心鉴真的安危，认为日本的僧人荣睿应该对此负责。因此他们向官府控告荣睿潜伏在中国，是为了引诱鉴真去日本。官府不问青红皂白，将荣睿抓了起来，送往杭州。荣睿在押解的途中用装病的办法逃离。鉴真的第三次东渡之行也就没法继续下去了。

经过三次的挫折，鉴真的决心并未动摇，他发现从江浙一带出海十分困难，于是决定从另一个大港口福州买船出海。鉴真带领三十多人从阿育王寺向福州进发。当时的鉴真已经快六十岁了，他在大明寺的弟子灵佑担心自己老师年纪大了，受不了渡海的奔波，恳求扬州官府阻拦鉴真去福州。淮南采访使听了灵佑的话之后，派人将鉴真一行人接回了扬州。鉴真第四次东渡也同样失败了。

鉴真和尚坐像

公元748年，日本僧人荣睿、普照又一次次来到大明寺恳请鉴真东渡日本传法。鉴真想到自己六年前说的话，还有前四次失败的经过，不屈不挠地开始了第五次东渡。这次东渡，鉴真身边跟随的有十几位僧人，还有二十几位工匠和水手。他们从崇福寺出发，在舟山群岛停留了好几个月等待顺风，直到十一月他们的船才驶出长江口。和第二次东渡一样，他们在东海上又遭遇了强大的北风，船只只能随波逐流，在海上漂流了十六天后他们才上岸。原来鉴真一行已经从长江口被吹到了海南岛。鉴真在海南待了一年之久，教会了当地人许多文化医药知识。一年之后，鉴真从海南岛的万宁、海口，经过雷州、梧州到达广西桂林，在桂林开元寺住了一年，然后才辗转回到了扬州。这个时候的鉴真已经是六十岁高龄，当初来邀请他去日本的两位日本僧人，荣睿已经病死在广东的龙兴寺，普照在韶州与鉴真告别。鉴真自己的双目也已经失明了，但是他的意志依然坚定，他曾对普照说："不到日本国，我自己的心愿就不算实现。"

公元753年，日本遣唐使藤原清河和晁衡（也就是阿倍仲麻吕）等人来到扬州，又一次邀请鉴真搭乘他们的船去日本。鉴真这次乘坐遣唐使大船，带领十几名僧人出海，经过一个多月的海上旅程，终于抵达日本萨摩。这次东渡的凶险完全不逊于前五次。他们的船队同样遇上了风暴，晁衡的船和整个船队失散了，消息传到长安，著名的诗人李白以为晁衡已经遇难了，他和晁衡是好朋友，在悲痛中写下了千古名篇《哭晁卿衡》：“日本晁卿辞帝都，征帆一片绕蓬壶。明月不归沉碧海，白云愁色满苍梧。”其实晁衡的船在风暴中很幸运地没有沉没，被风吹离了原来的航道，漂流到了越南。当时越南和长安之间的路途艰难，晁衡花费了很多时间、几经波折才最终回到了长安。鉴真和尚受到了孝谦天皇和圣武太上皇的隆重接待，他和他的弟子们建立了唐招提寺，淳仁天皇下旨命令日本僧人受戒之前必须前往唐招提寺学习，唐招提寺事实上成为当时日本佛教最高学府。鉴真被日本佛教界尊为日本律宗初祖。鉴真还向日本传播中国的医学，当时他虽然眼睛已经看不见了，但只要闻一闻，就能知道是什么草药，应该怎么样搭配来治病。日本人尊称他为“天平之甍”，认为鉴真和尚代表了当时日本文化的高峰。

鉴真六次东渡，完成了自己的承诺，向我们展示了“诚”的力量，也向我们展示了“诚”的艰难，但是唯其艰难，才能显示出“诚”的可贵。

儒家经典《礼记》中有一段论述“诚”的精辟见解：“所谓诚其意者，毋自欺也。如恶恶臭，如好好色，此之谓自慊。故君子必慎其独也。小人闲居为不善，无所不至，见君子而后厌然，掩其不善而著其善。人之视己，如见其肺肝然，则何益矣！此谓诚于中，形于外。故君子必慎其独也。”

这段话的意思是自己要诚实，就是说不要自我欺骗。厌恶邪恶就像厌恶臭气那样，就像喜爱美好的颜色那样喜爱善良。只有这样，才能说自己意念诚实，心安理得。所以鉴别一个人道德修养的重要标准，就是看他一个人待着的时候如何行动。以高尚的道德修养要求自己的人，即使周围一个人都没有，他的行为还是一丝不苟的。而那些没有道德修养的人，平时什么样的坏事情都做得出来。在和那些有道德修养的人在一起时，就把自己坏的一面藏起来，伪装成好人。但人们早就把他们的所作所为看得清清楚楚，这种遮掩从来都没有什么用。真正注重诚信的人，无论在什么地方，无论周围有没有人，都会坚持自己一贯的道德原则。

“信”这个字现存最早是在商代青铜器铭文中出现，它是一个会意字，由“言”和“身”两部分构成。中国人的祖先在创造“信”这个字的时候，已经蕴涵了“以言立身”的语义。“信”的这个含义一直延续下来，后来的思想家们受到影响，认为诚信是一个人“立身行己，应事接物”的根本原则。我们可以从宋代梁颢的故事里读到这一点。

《三字经》中说“若梁颢，八十二。对大庭，魁多士”，说的是宋代的梁颢八十二岁中状元的故事，以此来鼓励大家不能服老。其实梁颢是一位年轻的状元，他二十二岁的时候就中了状元。梁颢做官的才能十分突出，每次进宫应对皇帝的问题，不仅言辞清晰，而且思维明确敏锐。宋真宗很赞赏他，凡是大臣中间有人上奏什么事情，都总要先让梁颢详细阅看大臣

李白像

写的奏表，看看是不是可行。梁颢这么早就能中状元和他善于学习，刻苦读书有分不开的关系。与梁颢同时代的王禹偁是一个少年天才，九岁的时候就能写文章，当时的人十分看重他。宋太宗听说了王禹偁的名字，也把他召来进行考核，王禹偁果然不负天才之名，回答得令宋太宗很满意，立刻提拔他担任右拾遗的官职，并赏赐给他红帛。按照旧的惯例，赏赐红帛的时候都是赏赐给涂着金银的带子，这次宋太宗特意下了一道命令，让用花犀皮带绑着红帛赐给王禹偁，表示对王禹偁特别的嘉奖。宋太宗端拱二年，皇帝亲自考察贡士的水平，召王禹偁赋诗一首，他立刻一挥而就。宋太宗高兴地说："这诗不出一个月就可传遍天下。"所以王禹偁当时的名气和学识要超过梁颢。王禹偁开始参加考试的时候，梁颢和他一起求学，希望能够向王禹偁学习。梁颢有些问题感到困惑不解，于是就拿这些疑难问题向王禹偁请教，王禹偁觉得这些问题太简单了，拒绝回答。梁颢没有生气，反而反省是自己读书太少，提出的问题不够深刻，于是他便发愤读书，不到一个月的时间，梁颢再向王禹偁请教问题，王禹偁大吃一惊，发现梁颢的水平已经有了突飞猛进的进步，于是对他大加赞赏。梁颢这种好学的态度从他小时候就已经养成了。

梁颢的父母早逝，他是由叔父抚养长大的。梁颢在科举考试中表现出色，被选为状元之后，也不忘记叔父的恩情。梁颢自幼就喜好读书，可是他叔父的家境贫寒，供他上学已经是很困难了，买不起书给他读。梁颢只好借别人的书，他借书之后，一般都是自己连夜抄出来，然后再用自己的手抄本仔细学习，这样水平提高得更快。梁颢不但对借来的书籍十分爱护，而且向来很守信用，借书的时候许下的归还时间绝对不会拖后，说什么时候还书就什么时候还。有一次，梁颢借到了一本难得的书，那是一个冬天的晚上，他又伏在桌子上抄书，桌子上只有一盏小灯，屋子里不仅灯光微弱，还冷得出奇。梁颢抄了一小会儿，就冻得手脚僵硬，眼睛也累得发酸，看不清书上的字迹了。梁颢不得不停下笔，活动活动手脚，站起来在屋子里走上几圈，嘴里默念着刚才抄写的内容，顺便放松一下眼睛，然后再抄下一段。当他坐下再一次提起笔来的时候，毛笔已有些僵硬不好用了，他一开始没有在意，顺手又在砚台里蘸了一下，继续抄写，可是只在纸上留下了淡淡的墨迹。梁颢仔细看了看笔头才发现，毛笔上的墨已经有些冰碴了，砚台里的墨汁也已经结冰了。他赶紧把砚台举到灯火上面，灯火的热量不足，他只能看着砚台里的冰慢慢地融化，又慢慢地消失，然后赶快提起笔蘸着墨继续抄书，就这样抄写得更慢了，但是梁颢没有着急，而是耐心地抄写，决心这个晚上一定要把这本书抄写完。

梁颢的叔父本来已经睡下了，睡了一觉醒来，发现梁颢屋里的灯火还没有熄灭，于是他就穿上衣服走进梁颢的屋子，看到梁颢一边用火烤砚台，一边努力地抄写，他心疼地说："颢儿，你从早到晚抄了一整天，现在都抄到了下半夜了，天又这么冷，这样做身体会受不了的。快收拾一下睡吧，书是抄不完的，明天再抄也不迟，大不了和书的主人说一声好了。”梁颢说：“这可不行，我已经答应人家明天就要书还给他。今天晚上我必须抄完，要不然明天一早把书还给别人，我就没东西可读了。”叔父笑笑说：“傻孩子，他们家里有好多书，不缺这一本，你跟他们好好说说，他一定会宽限你几天的，晚还几天也没关系的。”

小小的梁颢对叔父严肃地说：“您不是教导过我做人最重要的是要讲信用，我怎么能因为这点小困难就失信于人呢。我答应别人明天还，明天就一定要还。”说完，就又低下头继续抄书。叔父看他这么坚决，只好把自己的衣服给他披上，悄悄地为他带上门。第二天，梁颢果然按时把书送还了主人，主人惊讶地说：“我以为你说两天还书是开玩笑呢，没想到你这么快就能读完这一本书。”梁颢说：“我还没有来得及仔细读，只是连夜把它抄了下来，我答应了你两天还给你，就一定会两天还给你，我不能说话不算数。”书的主人听了这话，不禁对梁颢大为赞赏：“你真是一个诚实守信的好学生，很多长者也不一定有你这么守信，你将来一定会大有作为的，我家里还有不少书，随便你要借哪一本都可以，什么时候还都行。”

梁颢急忙向他道谢，后来就经常去向这个人借书，而且总是按照约定的时间归还，从没失信于人。凭借这一种诚信的精神，越来越多的人愿意把自己的书借给梁颢学习，梁颢凭借抄书打下的良好功底，终于成为宋朝的一代名臣。梁颢的守信，一是建立在一个高尚的目的上，他想要读书，对知识如饥似渴；二是自己身体力行，凭借自己看似十分微薄的力量，守住了自己的承诺，赢得了更多人的尊重。

“诚”和“信”并不是相互分离的，它们之间有着内在的联系，所以人们才经常将“诚”和“信”并称。中国现存最早的古汉语词典《尔雅》认为“诚”和“信”是可以相互通用的，经常把这两个字放到一起，比如“忱，信也，诚也”；“湛，诚也，信也”。东汉语言学家许慎在他的巨著《说文解字》中用“信”来解释“诚”，又“诚”来解释“信”：“诚，信也，从言，成声”；“信，诚也，从人从言，会意”。儒家的重要经典《大学》里面这样论述：“所谓诚其意者，毋自欺也。”就是说什么是心意“诚”呢，就是不欺骗自己。西汉经学大师董仲舒认为：“竭愚写情，不饰其过，所以为信。”南宋著名思想家朱熹认为：“诚者，贞实无妄之谓也。”南宋著名思想家陆九渊这样给“信”下定义：“由其不欺于中而言之，则名之以忠；由其不妄于外而言之，则名之以信。”和陆九渊同时代的袁采认为“有所许诺，纤毫必偿，有所期约，时刻不易”，这样才能称之为“信”。从这些论述中我们可以看出，遵守承诺是“信”最基本的含义，其他一切含义都是从中延伸出去的。诚和信之间的内在联系清晰可见。首先要“诚”，“诚”是人内在的修养，而“信”则是这种修养的外在表现。没有“诚”就没有“信”，没有“信”，“诚”也就不存在了。诚信不能分开，就像一个人的思想和行为不能分开一样。只有内在和外在相统一，才能让一个人真正可以被称为“诚信”。所以诚信特别注重“统一”和“一致”，只有表里如一、始终如一，才是真正的诚信。

春秋时期，秦国和楚国都是十分强大的国家，都想要当诸侯国中的霸主，彼此之间关系不好，有时候还会爆发小规模的战争。因为两国交恶，有时候在楚国国内斗争中失败的人会跑到秦国躲避。楚国当时的高级官员左尹郄恶跑到了秦国，见到秦王之后，对他说了一通楚国和楚王的坏话，什么听信谗言啦，什么小肚鸡肠啦。秦王本来就不喜欢楚国，听了郄恶这样说十分高兴，立刻就想封郄恶为五大夫。当时秦国有一个大臣叫陈轸，他劝告秦王不能只听郄恶的一面之词，秦王不听，觉得陈轸是在嫉妒郄恶。陈轸一看普通的方式没法劝谏秦王，就给秦王讲了一个故事。在陈轸的邻居里面，有一个女人改嫁过好几次，她从之前的丈夫那里跑出来嫁给了第二个丈夫。这个女人天天给她的第二个丈夫讲自己前夫的坏话，说那人这样不好、那也不好，没有一样比得上第二个丈夫。那女人的第二个丈夫听了之后很高兴，对那个女人也很好。可是后来，这个女人又嫌弃第二个丈夫不好，又一次离婚，这次嫁给了住在城南的一个外乡人。她和自己的第三个丈夫讲了许多第二个丈夫的坏话，就像对第二个丈夫讲第一个丈夫的坏话一样。这个外乡人一开始听得还挺高兴，后来觉得有些不对劲，有一天他遇到了那女人的第二个丈夫，两个人聊天的时候，外乡人把那个女人说的坏话一股脑儿告诉了对方。第二个丈夫听了以后先是哈哈大笑，然后说：“她说这些话，我一点也不奇怪，现在她是怎么和你说的，当初就是怎么和我说的，连说的话都是一模一样的啊！”陈轸讲完这个女人的故事之后对秦王说：“郄恶之前是楚国的左尹，他从楚国逃过来，当然是希望能待在秦国，得到大王的重用。所以他才拼命地说楚国和楚王的坏话，可要如果有那么一天，郄恶又得罪了大王您而跑到别的国家去了。到那时候，他现在说楚王的那些坏话就会落到您的身上，不会有什么区别。”听完陈轸的故事以后，秦王这才明白过来，于是就收回了任用郄恶的命令。

楚国左尹郄恶的问题就在于他自己并没有一定的原则，他所说的话、所做的事，都是根据自己的现实需要而不断变化的。他今天说楚王的坏话，明天就会说秦王的坏话，事实究竟是怎样，他并不关心，这样的人当然不能被称为诚信的人。郄恶之所以这样反复无常，主要是因为利益的驱使。诚信是人的内在修养，在现实生活中，难免要面对利益的考验。

唐顺宗的时候有一位叫崔枢的读书人，他读书读得很好，考中进士之后当过东宫太子的侍读，后来还做过中书舍人，负责为皇帝起草诏令和旨意。能够担任中书舍人这一官职的，都是文学才华出众的人。崔枢在当时不但以文采出众著称，而且素有诚信的名声。这还要从他没有中进士的时候说起。

当时崔枢为了参加进士考试，在汴梁居住了半年。汴梁是中国著名的古都，历史上有多个王朝在这里定都，有“开封古城，十朝都会”的说法。在唐代，汴梁称为汴州，中唐有名的诗人孟郊曾经写过一首《汴州留别韩愈》，宋代林升著名的诗句“直把杭州作汴州”说的也是这里。安史之乱之后，汴州的地位变得越发重要，渐渐地超过了当时的东都洛阳。崔枢来到这里的时候，汴州已经是一个十分繁华的大都市了。沟通黄河、淮河和长江的通济渠通过这里，南来北往的物资在这里集散，各地的商人也在汴州做生意。

崔枢来到汴州之后，遇到了一个做海上生意的南方商人，两个人交谈甚欢，结成了好朋友。崔枢在汴州待了半年的时间，经常和这位商人一起到各个名胜游览，两个人同吃同住，友情日渐深厚。不料想天有不测风云，这个人得了重病，虽然多方求医问药，但是身体一点起色也没有，反而越来越虚弱。他知道自己恐怕没有多少日子好活了。这一天，他把崔枢叫过来，一边叹气一边和崔枢说：“我的情况你也知道，恐怕没有多少时间留在世上了。”崔枢安慰他说：“不要丧气，明天我再帮你找个好医生来看看。”商人摆了摆手，说：“不用了，有多少医生来看过了，要能好早就好了。我今天找你来是有件事情想和你说。”崔枢说：“你说吧，我能办到的一定尽力。”“承蒙你看得起我，不因为我是个商人而嫌弃我，也不因为我是从偏远地方来的人而看不起我，这半年来我多亏了你照顾，但是我知道自己的病是好不了了。我们那个地方的人特别看重土葬，认为人死了之后一定要入土为安，如果我有不测的那一天，你能像我活着的时候一样帮助我吗？你能把我土葬吗？”崔枢说：“半年以来，我和你都知道对方是什么样的人，如果你一病不起，我一定会按照你的遗愿，把你土葬。”商人先谢过了崔枢，然后又说：“我虽然是一个商人，但是身上并没有带多少钱，这么多年经商，现在只剩下一颗宝珠。为了感谢你的恩情，我愿意把这颗宝珠送给你。这颗珠子值一千万钱，而且能避水避火，把它带在身上，无论水里来火里去，都没有什么妨害。请你一定要收下。”崔枢推辞不要，无奈对方说如果崔枢不收就是不想帮助自己，他只好收下了商人的这颗宝珠。过了没有几天，商人就病重去世了。这个人在汴州没有什么亲戚朋友，崔枢亲自操持将他下葬。在下葬的时候，崔枢心想：“我是一个要参加进士考试的人，到各地州城府县都能够养活自己，为什么要把别人的异宝藏起来呢？何况我是为了两个人的友情才帮他料理后事，绝不是为了贪图财物。我如果把这颗宝珠归为己有，实在有违自己做人的原则。”想到这里，崔枢趁着别人不注意，把宝珠拿出来放到商人的棺材里，一起埋到墓地里。

崔枢办完这件事情之后，就离开了汴州到亳州游历。有一天，崔枢正在看书，他的一位朋友急匆匆地跑来找他，一见面劈头就说：“你怎么还在这里，祸事将临了！”崔枢让朋友慢慢说，不要着急。原来，这位朋友刚刚从汴州过来，他听到消息说，有一个女人现在跑到汴州来找自己的丈夫，她听说自己的丈夫已经去世了，就说丈夫身上还有一颗宝珠，她一定要找到宝珠的下落。当时崔枢帮助商人下葬的事情当地尽人皆知，现在整个汴州都因为这件事情闹得沸沸扬扬了。这个女人已经告到了官府，官府派出人来亳州缉拿崔枢了。崔枢听朋友说完之后，并没有什么惊慌的神色，只是说等官府来人，自会向他们说清楚。不久，汴州来的官差果然来到亳州，崔枢说不用费力抓他，自己会和他们回去说明情况。

回到汴州之后，官差把他带到衙门和那个南方商人的妻子对质。崔枢说：“我当初是为了朋友之谊才为他办理丧事的，至于宝珠，我已经放在棺材里面了。如果墓地没有被盗墓贼打开过的话，那颗宝珠应该还在那里，不会在别的地方。”公堂上的人听了他说的话都纷纷称奇，大家簇拥着崔枢一起来到当初下葬的墓地，按他的指示打开了棺材，果然，那颗宝珠完好无损地放在棺材里面。在场的人无不惊诧，称赞崔枢是一个诚信的人。商人的妻子也十分感谢崔枢。汴州的长官王彦谟对崔枢十分赞赏，希望他做自己的幕僚，可是崔枢推辞不就。崔枢说这件事情是尽自己做人的本分，没有什么可以特意夸耀的。第二年，崔枢考上了进士，后来还担任过科举考试的主考官，有着清廉的名声。

崔枢帮助他乡逝世的朋友下葬，可以说已经尽到了作为朋友的责任，面对价值连城的宝珠，他即使拿走，也没有人知道。可是崔枢没有这样做，他坚持做什么事情都按照自己内心的标准要求自己。在利益考验面前，才能真正体现出一个人的精神。所谓诚信，首先要对自己诚信，如果对自己做不到诚信，面对外部世界的诱惑，很容易妥协退让。所有在利益诱惑面前，能够坚守自己的人，都曾经仔细想过：我究竟是谁，究竟做事情是为了什么。崔枢在朋友病重拜托他的时候，除了为朋友感到悲伤以外，早已经做好了为朋友处理后事的准备，即使没有那一颗光彩夺目的宝珠，崔枢也是要做的。崔枢将宝珠和朋友埋葬在一起，用自己的诚信向朋友做最后的告别。

我们今天所要弘扬的诚信，在中国传统思想中出现得很早。《尚书》是中国现存最重要的早期历史文献之一，在《尚书》中就已经讨论到“诚”的问题。《尚书·太甲下》中说到“鬼神无常享，享于克诚”，这时候的“诚”，意义还比较原始，和宗教的关系比较大。而在儒家经典《周易》中，“诚”已经成为人的一种道德，而具有了比较崇高的意义。《周易》中说：“修辞立其诚，所以居业也。”唐代经学大师孔颖达解释说：“辞谓文教，诚谓诚实也。外则修理文教，内则立其诚实，内外相成，则有功业可居。”孔颖达解释《周易》这段话的主要意思是，在写文章的时候，必须要传达自己的真实意

《晋文公复国图》（局部）

图。《周易》中所说的“诚”，还只是在特定时刻对人的一种要求，而在另一部儒家经典《礼记》中，“诚”是这样被定义的：“诚者，天之道也，诚之者，人之道也。”“诚”被提到了一个空前的高度，被认为是自然的规律，同时也是人的本质属性之一。诚信成为一个人应当追求的重要道德，坚守诚信不仅对自身的成长有益，同时也是对社会的一种责任。宋代理学家周敦颐认为：“诚者，圣人之本”“五常之本，百行之源”。朱熹在《中庸章句集注》对“诚”下的定义是：“诚者，真实无妄之谓，天理之本然也。”明末清初的大思想家王夫之认为：“诚者，实也。实有之，固有之。”强调“诚”是一种客观存在，并不是虚无缥缈的。随着一代代哲人、学者不断地阐发，“诚”的作用更加凸显了。“诚信”的思想，也通过人们的实践，逐渐取得了社会中绝大多数人的认同。

春秋时，楚国曾经出兵围困宋国，当时晋国是诸侯中的霸主，宋国是晋国的盟国，晋国对宋国有解救的义务。宋国看到楚军的声势浩大，立刻派人向晋国告急，希望晋国赶紧出兵。当时的晋侯晋景公本来想出兵去救宋国，但被大夫伯宗劝止，伯宗说：“虽鞭之长不及马腹。”今天“鞭长莫及”这个成语就是从这里来的。伯宗的意思是，虽然晋国很强大，但是宋国离晋国很远，晋国也没有能力帮助宋国。晋侯听了之后没有办法，于是只好派出解扬作为使节去宋国，让他告诉宋国千万不要投降楚国，晋国已经派出援兵，很快就会到宋国解围。结果解扬快到宋国的时候，不幸被楚国军队的巡逻兵给抓住了。楚王一听他是晋国来的使者，便用丰厚的礼物贿赂解扬，让他去劝降宋国人，就说晋国不会派援兵过来了，宋国人再坚守下去也没有什么指望了。解扬一开始不同意，楚王几次三番地劝说，同时威逼利诱，解扬点头表示同意了。楚王大喜，让楚军带他登上车来到宋国国都的城墙下，向城头上的宋国人喊话。万万没想到，解扬一开口，楚国人就愣了。他趁机把晋侯的口信告诉了宋国人，大喊："城上的人一定要坚持住，我们晋侯说了，晋国援军已经出发，很快就会到这里了。你们千万不要投降楚国，千万多坚持几天。"楚王气得想当场杀掉解扬，解扬面无惧色地回答说："义无二信，信无二命。我接受我们国侯的命令出使，可以为此死，却不可以因为怕死而废弃命令，你以为能有丰厚的礼物贿赂我吗？我答应过自己的君主要完成命令，即使为此付出自己的生命，对我来说也是福气。晋侯有可信任的使臣，而我则求仁得仁，这样的死我求之不得。"楚王听到这番话之后大为感慨，对左右的大臣说："解扬是一个诚信之人啊！"于是，楚王不但没有杀他，反而放解扬回晋国了。楚国和晋国之间的故事很多，而且不少和诚信有关。

派出解扬的晋景公是晋文公重耳的孙子，重耳是一位有作为的君主，曾经在诸侯国之间流浪多年。他回国即位以后，整顿晋国内政，发展农业生产，晋国的国力逐渐强盛起来。晋文公就有了争夺天下霸主的想法，但一时没有合适的机会在诸侯面前显示自己的实力。这一天，机会终于来了。周朝的天子周襄王派人来晋国寻求帮助。原来当时周王室的力量衰落得很厉害，早就失去了天下共主的地位，国力比起中等的诸侯国也有不如，偏偏还经常发生内乱。周襄王有个同父异母的兄弟太叔带，是周惠王的小儿子。周惠王活着的时候偏爱太叔带，想把他立为太子，但大臣都反对这样做，周惠王也没有办法。周惠王死后，周襄王登基，太叔带联合了一批人，向狄国借兵将周襄王赶出了雒邑。周襄王狼狈不堪，身边只有几十个随从，仓皇逃到郑国，处境十分艰难。因为自己没有力量回去，周襄王只好四处向各个诸侯国求援，希望各国诸侯能派兵护送自己回雒邑，打败太叔带。可是各国诸侯有的派出使者去慰问周襄王，有的给周襄王送去一些吃的东西，可是没有国家表示愿意为周襄王出兵攻打狄人和太叔带。周襄王正在一筹莫展的时候，有大臣建议说："现在的各国诸侯里，想要把狄人赶走，只有秦、晋两国有这个能力，求别的国家恐怕不起什么作用。"周襄王这才恍然大悟，派使者去请晋文公护送他回雒邑。晋文公和大臣们一商量，决心抓住这个可以在诸侯间树立威信的好机会，马上发兵过去把狄人打败，又消灭了太叔带和他的同党，护送天子回到雒邑。经过这件事，晋国在诸侯国中的威信大为提高。

过了两年，宋国的宋成公来向晋国求救。原来楚成王派令尹成得臣率领楚、陈、蔡、郑、许五国联军攻打宋国。当时楚国野心勃勃，经常出兵攻打中原各国，还消灭了不少小国家。这时晋国的大臣们都认为晋文公想要建立霸业，必须要帮助这些国家对抗楚国。晋文公听取了大臣们建议，将晋国的军队扩大规模，组成了三个军，声势浩大地出发去救宋国。晋军到了之后，先是占领了两个小国曹国和卫国，把两国国君都俘虏了。曹国和卫国当时已经是楚国的附庸国，晋国这一招有敲山震虎、剪除羽翼的作用。楚军主帅成得臣派人要求晋军释放卫、曹两国的国君，然后楚国和晋国之间再正式谈判。面对成得臣的要求，晋文公听取手下大夫的建议，决定离间卫、曹两国和楚国的关系。他通知卫、曹两国国君，说晋国准备恢复他们的君主之位，但先决条件是要他们跟楚国断绝关系。卫、曹两国国君果然按照晋文公的意思办了，这样一来，成得臣本是想救援这两个国家，没想到它们却和楚国绝交，让自己完全失去了出兵的借口。成得臣本来就脾气暴躁，这下更气得不轻，认为这一定是晋文公从中作梗。在重耳还没有当上晋文公的时候，曾经到过楚国，受到了楚国的盛情款待。所以楚王当时还不想和晋国直接决战，让成得臣退兵回楚国。但是成得臣非但没有退兵，反而下令进军，率领楚军向晋军驻扎的地方前进。

一收到楚军进军的情报，晋文公立刻命令全军后撤，暂避楚军的锋芒。这时候晋军中有不少人想不明白，不理解晋文公的真实用意。他们说：“国君亲自率领我们出征，而楚国对方带兵的不过是一个令尹，很明显应该臣子避让国君，哪有国君让臣子的道理呢？”晋国大夫狐偃对这些人说：“出兵打仗必须有一个名义，道理站在自己一边才能理直气壮地战斗。晋侯在诸侯国之间流浪的时候，楚王曾经盛情接待过他。当时在酒宴上，楚王问晋侯如有一天回到晋国会怎么报答自己。主公说楚国无所不有，自己实在没有什么能报答楚王的，如果有一天自己能成为晋国的君主，万一晋国和楚国交战，晋国愿意退避三舍之地。晋侯是个守信的人，现在果然遇到了这种情况，军队后撤是为了实现当初的诺言。要是我们失信于楚国，那么我们就不占理。万一我们退兵而楚军步步紧逼，那他们就是不占理的一方，我们一定能打败他们。”

一舍之地是三十里，既然要退避三舍，晋军就一下子后撤了九十里，到了城濮这个地方才停下来，布好阵势等待楚国军队。成得臣发现晋军突然大踏步向后撤退，以为晋国军队害怕自己强大的军势，于是一刻不停地督促楚军在后面追赶，一直追到城濮，看见晋军摆开了阵势，楚军也停了下来。成得臣派出使者向晋文公下战书，战书上的措辞十分无礼，说想要和晋文公的士兵较量一番，让晋文公在战车上观看。晋文公派人回复使者说：“楚王曾经的恩惠，我们从来都不敢忘记，所以才退让到这里。既然你们不肯退兵，那么就回去告诉你们的将军，准备好自己的战车，不要辜负你们君主的托付，让我们在战场上好好比试一下。”

第二天早上，战斗打响了。晋国大将胥臣在战马身上蒙上了虎皮，看上去凶猛无比，他没有先攻击楚军，而是攻击和楚军一起作战的陈、蔡联军。陈、蔡联军没有多少战斗力，很快就抵挡不住撤退了，这下楚军的右翼完全暴露了出来，但是楚军的主力还没有受到什么严重的损伤。晋国上军主将是狐毛，他命令树起两面大旗，佯装下达撤退的命令。晋国下军主将栾枝指挥军队向后败退，同时在战车后面绑上树枝，这样战车后退时就扬起一阵阵的尘土，表现得十分慌乱。骄傲成性的成得臣，一向不把晋人放在眼里，看到晋军撤退，立刻不顾一切地下令追赶上去，结果正中了晋军的埋伏。原轸和郤溱率领晋军中军的精锐一下冲杀出来，把楚军拦腰切断。原来假装败走的晋军也掉过头来杀向楚军，几方面的力量夹击，楚军被打得溃不成军，一个劲儿地往回败走。就在这时候，晋文公下令，晋军不再对失败的楚军穷追猛打，收兵回营了。经过城濮之战，晋军占领了楚军原来营地，楚军撤退时留下了大量的粮食，晋军整整吃了三天，才收拾行装回国。

无论是解扬还是晋文公，无论在外交场合还是在战场上，在和楚国交涉的过程中，都秉持着诚信的精神，也收获了良好的结果。而楚王释放解扬、晋文公不追击楚军，不能不说有对诚信的认同在其中。

诚信，就是诚实、守信用。具体来说是在语言、心理和行动上不欺骗自己，也不欺骗别人，不用各种伪装和矫饰来遮掩自己的人生。也就是“毋自欺”、“真实无妄”、“不欺于中”、“不妄于外”等等。除此之外，还要守信，自己说过的话一定要兑现。这在日常的人际交往中也是最被人看重的。《左传》里面说：“人所以立，信、智、勇也。”孔子说：“人而无信，不知其可也。”《吕氏春秋》中说：“夫可与为始，可与为终，可与尊通，可与卑穷者，其唯信乎！信而又信，重袭于身，乃通于天。以此治人，则膏雨甘露降矣，寒暑四时当矣。”这些说法都强调人要守信。

北宋沈括的《梦溪笔谈》里记载了这样一个故事。宋朝的官员刘廷式，原来本是农民出身。当初刘廷式还没有做官的时候，他的邻居家里有一个女儿。邻居十分喜欢刘廷式，就与刘家订下婚约，把自己的女儿许给了刘廷式。后来，刘廷式离开家乡出去求学，最后终于在科举考试中上榜，这才荣归故里，而这时候他已经与家里不通音信好多年了。刘廷式衣锦还乡之后，发现物是人非，很多人都已经不在了，老邻居也不在原来的地方住了。他四处寻找，找到最后发现老邻居原来早已去世了，而他的女儿因为得一场重病导致两眼失明，现在家道中落，生活十分困苦。刘廷式听说之后，立刻请人找到那个女子，提出履行婚约，举行婚礼。但那女子是个通情达理的人，说自己现在眼睛看不见，况且就是没有眼疾，自己这样的农家女子也不敢与刘廷式这样的官宦人家结姻。刘廷式听到之后又托人传话说：“我和你的父亲之前就有约定，难道因为他去世了就可以毁约吗，难道因为你失明了就可以背弃吗？”刘廷式再三恳求，对方看到他确实是真心实意，终于同意了。刘廷式很快就举行婚礼，把她娶进了门。婚后，两个人的家庭生活非常幸福和睦。因为妻子的眼睛不好，刘廷式经常搀扶着她出来走动，慢慢地，妻子可以自己摸索着走路了。刘廷式的行为被传为美谈，有一次他在工作上出现了失误，负责监察的官员本来想将他驱逐，可是考虑他有这样美好的德行，就从轻处置了他。后来，刘廷式当上了江州太守，在太守任上他的妻子因病去世了，刘廷式十分悲痛，痛哭伤心的样子让别人看了也要落泪。大文豪苏东坡非常欣赏刘廷式的品性，专门写下了一篇美文来赞颂他。

正因为人们如此看重“守信”，所以在中国传统伦理道德观念中，“信”和“诚”都具有重要的地位。孔子认为守信不仅是个人的道德修养问题，更是关系到国家安定的大事。《论语》记载：子贡问政。子曰：足食，足兵，民信之矣。子贡曰：必不得已而去，于斯三者何先？曰：去兵。子贡曰：必不得已而去，于斯二者何先？曰：去食。自古皆有死，民无信不立。孔子认为对国家来说，即使先去掉军备和粮食，也不能失去信用。因为“人而无信，不知其可也。大车无輗，小车无軏，其何以行之哉？”一个人、一个国家没有了信用，就像大车和小车失去了关键部件一样，难以在路上行走。而国家与国家交往，同样要守信用：“道千乘之国，敬事而信。”孟子发展了孔子的思想，将“朋友有信”作为人的基本道德原则之一。

《史记》记载了这样一个故事。春秋时期，陈国内乱，陈国大夫徵舒射死了陈灵公，自立为陈侯。当时楚国的君主是楚庄王，他听说了这件事情，决定利用这件事情树立自己的威信，于是率领楚国和其他诸侯国的军队讨伐陈国。陈国是小国，抵挡不住这么多国家军队的进攻。楚国很快消灭了徵舒，占领了陈国。群臣都来向楚庄王庆贺，只有一个人没来，那就是大臣申叔。庄王觉得很奇怪，把他叫过来询问原因。申叔没有正面直接回答，而是先给楚庄王讲了一个小故事。有人牵着牛从别人田里经过，牛把别人的庄稼都踩坏了，牛主人的行为当然不对，但是田地的主人以此为借口，趁机把别人的牛占为己有，就更是错误的了。申叔接着说，就像现在一样，我们楚国联合诸侯的军队进攻陈国，是因为陈国内乱，徵舒杀了自己的君主，我们需要惩罚他的罪行。现在目的已经达到了，如果占据人家的国都不走，就像那个田地的主人一样，所作所为比牛主人更错。所以我不来庆贺。楚庄公听了申叔的话，立刻说："你说得对！"于是立即下令从陈国撤兵，还派人从晋国迎回了陈灵公的太子午，重新立为陈国的新国君。孔子读到这一段故事之后，感慨地说："贤哉楚庄王！轻千乘之国而重一言之信。"孔子认为不看重一个国家，而看重自己的信用，是一种德行美好的表现。

先秦百家争鸣，不仅仅是儒家重视诚信，其他流派的思想家也同样重视守信。韩非子认为"小信成则大信立，故明主积于

秉笔直书的司马迁

信”，也就是守信必须从小事开始，而后才能建立在大事上的信誉。老子是道家思想的代表人物，他说过“信言不美，美言不信”，“轻诺必寡信，多易必多难”。他的意思是“信”很重要，哪怕听上去不那么中听的话，只要是真实的，就有其价值。同时“信”又是不能随便获得的，在承诺之前，自己必须先想好。老子还说：“信者，吾信之；不信者，吾亦信之，德信。”他认为无论对方是否守信，首先应该用守信的标准来要求自己。《庄子》中也说：“无行则不信，不信则不任，不任则不利。”墨家的代表墨子具有强烈的社会责任感，认为“仁人之事者，必务求兴天下之利，除天下之害”，要做到这一点，首先就要守信，要“志强智达，言信行果”才行。兵家的代表人物孙膑将守信放到军事学的角度加以论述，提出“素信者昌”，这实际是继承了《孙子兵法》中的思想：“将者，智、信、仁、勇、严也。”以上各家都十分重视守信的问题，认为这是一个值得反复强调的事情。春秋时期著名的政治家管仲，将“诚”与“信”连在一起使用，他这样说：“先王贵诚信。诚信者，天下之结也。”管仲认为诚信有凝聚天下人心的作用，将诚信提高到一个新的高度。管仲对诚信的理解十分独到，也准确地指出了诚信的作用。这种作用在历史上屡见不鲜。

孙武，字长卿，春秋时期齐国人，是我国古代杰出的军事家。他的军事思想有丰富的唯物主义辩证法因素，《孙子兵法》是中国最早最优秀的兵书之一，堪称其思想集大成之作。

孙膑

他认为“兵者，国之大事”，提出“知己知彼，百战不殆”，十分注重了解实际情况，强调敌我、众寡、强弱、虚实、攻守、进退等方面的因素必须通盘考虑，同时认识、灵活运用战争的客观规律，才能克敌制胜。孙武认为“兵无常势，水无常形，能因敌变化而取胜”，在战略战术上强调“奇正相生”。孙武不仅是军事家，也是一位政治家，他对当时的天下大势有着清醒而独到的分析。他主张国家要走上富强之路，必须经过改革。孙武分析当时晋国六卿进行的土地制度改革，认为其中的“亩大税轻者”可以成功。孙武曾被吴王阖闾任命为大将，率吴军攻破楚国，在战争史上留下浓墨重彩的一笔。

春秋时期，吴王诸樊为了让四弟季札最终继承王位，实行“兄终弟及”的王位继承制度，将自己的王位传给自己的二弟，二弟又传给三弟余昧。余昧临终前，遵循大哥的遗愿，想要把王位传给弟弟季札。季札不想当吴王，逃出了国都姑苏城。余昧死后，余昧的儿子公子僚当上了吴王。这样一来，吴王诸樊的儿子公子阖闾十分不满。他觉得既然季札不做吴王，按照顺序，王位继承人应该是自己。阖闾在吴国军队中当大将，他让足智多谋的大臣伍子胥想想办法。伍子胥找到了当时武艺超群的勇士专诸，准备等待时机谋杀吴王僚。

这样的机会终于到来了，吴国与楚国发生战争，吴王僚派出自己的两个亲弟弟盖余和烛庸统领大军，去进攻楚国的城邑；派季札出使晋国，争取晋侯对自己的支持，如果能发兵牵制楚国就更好。阖闾看准了这是一次夺回王位的好机会，借口脚疼没有参加对楚国的战争，留在吴国国内等待时机。对楚国的战斗进行得并不顺利，楚国发兵切断了吴军的后路，吴军主力被困，失去了与吴国国内的联系。阖闾得知这个消息，高兴地搓着手说：“机会终于来了，这真是天助我也！”他立即找来专诸，说：“吴王的位子本来就应该是我坐的，余眛之后应该立我才对，因此我要夺回自己的王位。先生觉得现在是不是到时候动手了呢？”

专诸想了一下说：“吴王僚上台以后对民众没有什么恩惠，要废掉他不会受到太多人的反对。伍子胥站在我们这一边，国内其他的大臣不足为虑。吴王僚的两个弟弟，现在和大军一道被困在楚国，自身难保。现在确实是动手刺杀吴王僚的好时机。”阖闾问：“但是吴王僚十分多疑，又是出了名的勇士，周围还有众多武士保护，武艺高强，恐怕一般的办法很难成功。”专诸说：“我早有安排，只要……就一定能成功。”阖闾十分高兴，决定就照着专诸的办法来进行刺杀。

阖闾立刻进宫去，对吴王僚说：“我因为腿上有病一直在家，不能帮助大王处理政事，有好些日子没有见到大王了。今天是个吉日，我特意在家里备下酒席，请大王一定光临！”吴王僚没有起疑心，当下答应赴宴。阖闾回到自己家，安排了许多武士，同时在堂上大摆宴席，恭候吴王的到来，心想成败就在此一举了。吴王僚并非粗心大意之人，相反他十分谨慎小心，在通往阖闾家的道路两旁布满了身披铠甲、手持武器的卫兵。吴王僚进入阖闾家之后，各个通道入口都由他带来的人把守，大堂之上更是戒备森严，连一只苍蝇也飞不进去。吴王僚自己还穿着重甲以防万一。宴会正式开始不久，阖闾就推说自己脚疼难忍，要先下去换药，趁机离开了大厅。这时候专诸端着一个大盘子走上来，盘子里是一条大鱼，他说自己是上菜的，吴王僚的侍卫上上下下搜了专诸的身，并未发现什么可疑之处。专诸走过来把热气腾腾的鱼盘放到吴王僚的桌案上。突然，他闪电般地从鱼肚子里抽出一把锋利的短剑，挺身一跃而起，用尽全身力气刺向吴王僚，一下子穿透了重重甲胄，刺穿了吴王僚的胸膛。

吴王僚当场就倒在血泊中死了。在场的卫士一开始惊呆了，反应过来以后，一拥而上将专诸砍倒。阖闾带着武士们冲进来，大声对这些武士说："我是吴王诸樊之子，理应继位！现在吴王僚已死，我就是吴王。"这些武士相互看了一眼，纷纷扔下武器。阖闾就这样成为了吴王。阖闾让伍子胥主持国政，他对伍子胥说："吴王僚的两个弟弟现在投降楚国，吴国的力量削弱了不少，需要多方招揽人才，只有您能帮我做好这件事情。"

伍子胥很快就把吴王要招贤的消息传出去了，不光是吴国国内，连其他诸侯国的人都知道了这件事情。当时孙武还在齐国，他认为在吴国能实现自己的抱负，就从齐国出发来到吴国的姑苏城。孙武首先见到了伍子胥。伍子胥看完了孙武写的兵书，知道这是一位了不起的人才，心里十分激动，说："孙武先生有这样的才能，是大将军的合适人选。我会先把您著的兵书献给吴王，相信大王很快就会接见您。"吴王阖闾听了伍子胥的描述之后，也十分高兴，但是又对孙武的才能有点拿不准。他和孙武一见面就问："先生所著的兵法，我已经认真拜读了，感觉很受启发。但不知实际运用起来会怎么样，是不是像说的那样有立竿见影的效果？"孙武不假思索地回答："大王可以当场试验！"吴王一听十分高兴，说："那再好不过了，这里不能打仗，我就想看看先生的练兵之法吧。不过是不是无论什么样的人都可以操练成合格的士兵呢？"孙武答道："不论什么样的人，只要按照我的兵法训练，都可以成为一名合格的士兵。"吴王紧接着问一句："女子也可以吗？"孙武答道："女子也可以照样操练！"

吴王马上派人去叫自己后宫中的美女。不一会儿，一百八十名宫女就来齐了。吴王决定让孙武训练这些后宫宫女和嫔妃，看一看孙武是不是真有这个本事。吴王和孙武一起到校场去，准备亲眼看看孙武是如何操练的。来到校场，吴王登上点将台。孙武把一百八十名宫女分为两队，每队九十人，每人发一支戟，同时指派吴王心爱的两个宠姬作为队长。孙武自己在队伍前面大声地对她们说："你们知道前心、后背、左手、右手吗？"宫女们纷纷回答："知道！"孙武说："知道就好！我教你们如何听命令。我喊前，你们就往前方看。左，就看左手的方向。右，就看右手的方向。后，就向背后转过去。听明白了吗！”宫女们一起回答说：“听清楚了！”于是，孙武登上点将台，准备开始操演。

孙武登上点将台，向吴王点头示意，然后大声喊：“开始操演！”他一边击鼓发出命令，一边喊“右”！可是底下这些宫女们根本就把孙武的操练当成儿戏，虽然刚才回答得挺好，但是现在却哄堂大笑起来。孙武没有责备她们，而是大声说：“约束不明，申令不熟，这是我的责任。”又走下台去，重新对她们解释了一遍军令，同时告诉她们：“如果不听军令，必然军法从事！”宫女们都说知道了，其实依然没有放在心上，尤其是两个吴王的宠妃，平时仗着吴王的宠爱，十分娇惯，哪里会把孙武的命令放在心上。

孙武又回到点将台上，第二次击鼓传令，大喊“左！”底下的这些宫女们又捧腹笑成一团。孙武一开始抿着嘴角没有说话，等她们差不多笑完了才严肃地说：“现在，约束已明了，申令已熟练，你们依然不能按照军令执行。这是因为队长不能以身作则，带头遵守军令。来人！将两个队长推出斩首！”话音刚落，刽子手就直奔两个队长而来，一下子把这两个人绑了起来。吴王本来坐在台上，觉得孙武也不过如此，现在看孙武要杀他的两个宠妃，不禁大吃一惊，赶紧对孙武说：“我已经知道先生能够用兵了。但是，我没有这两个爱姬，饭都吃不下去！请先生看在我面上，饶了她们吧！”孙武义正辞严地反驳道：“我已经接受您的命令当了将军。自古道‘将在外，君命有所不受’，在军队里一切要听将军的。执法官，快去斩了报来！”于是，刽子手就把两个宠姬拖出去杀了。

孙武接着又选了两个宫女当队长。宫女们这下知道不是闹着玩的了，个个噤若寒蝉，注意力全都集中在将令上。孙武发布什么将令，她们都能照要求去做。操演了一会儿，她们前、后、左、右、跪、立、起、卧都已经动作整齐，合乎规范。孙武向吴王报告：“部队已经训练整齐，请大王亲自去试一试。她们一定会听从大王的命令，赴汤蹈火也不会推辞了。”吴王因为失去了两个爱姬，心中怏怏不乐，懒懒地答道：“先生休息去吧，我不愿去试了。”孙武不满地说：“大王只不过喜好言辞，根本不能用于实际。”站在一旁的伍子胥劝说吴王：“孙武善于用兵，请大王授予他将军之职。”最后吴王阖闾还是封孙武为大将军。

此时，原来领兵攻打楚国的吴国公子盖余和烛庸，因为率兵投降楚王，楚王赏赐给他们许多封地，而这些封地又临近吴国。阖闾听到这个消息后非常气愤，一再嘱咐孙武加紧训练吴国军队。孙武不敢怠慢，花了一年时间训练了大批精锐部队。伍子胥和孙武带着这支军队追杀了盖余和烛庸，接着又攻占了楚国的两座城池。阖闾非常高兴，要求孙武一鼓作气去进攻楚国的国都。孙武估量了敌我双方的实力，不同意立刻进兵，他说："连年征战，军队困乏，人民负担很重。要攻破楚国这样的大国，只能等待时机。"阖闾只好同意收兵。

几年以后，吴国国力充实，军队的实力更上一层楼。吴王阖闾又问孙武："原来你认为楚国的国都攻不下来，要等待时机。现在如何？有没有机会？"孙武思考了一下说："机会也需要主动去争取。现在楚国执掌兵权的大将是子常，他十分贪婪，不断用武力向附属小国索取贡品，因此像唐国、蔡国这样的小国都怨恨他。如果大王要灭掉楚国，必须先与这些小国结盟交好。"阖闾采纳了孙武的建议，派出使臣去结交唐国、蔡国，约好当年秋天一同起兵进攻楚国。在这一场战争中，孙武表现了他卓越的军事才能，率领吴军五战五捷，一举攻入了楚国的国都。

孙武是一位言行一致的军事家。在吴宫训练"女兵"这件事中，他自始至终地讲真话，实事求是地公正执法。他没有接受吴王的"说情"，没有因情况特殊而偏废军纪。他要求上级和下级都要言行一致，不能"徒好其言，不用其实"。言行一致，是诚实的表现；公正执法，是正直的升华。只有诚实正直，事业才可能有真正的成功，才能经受得住时间的检验。

除了孙武之外，秦国的政治家商鞅也十分重视"立信"。秦孝公任用商鞅，商鞅想要实施变法图强政策，让秦国富强起来，唯恐天下人对自己产生不同的意见。新的法令已经拟定完成，但没有公布。商鞅恐怕百姓对新的法令没有信心，绞尽脑汁想要取信于民，最后他想了一个办法。商鞅在秦国国都市场南门立下一根三丈长的木杆，发出布告说，有能够搬到市场北门的就赏十镒黄金。百姓对商鞅的这种做法十分惊讶，但没有人敢去搬木杆。商鞅就又发布命令说：“无论是谁，只要能将杆子从南门搬到北门，就赏他五十镒黄金。”重赏之下必有勇夫，有一个人禁不住诱惑，把木杆搬到了北门，商鞅立即赏给他五十镒黄金，证明自己言出必行。通过这件事情，商鞅建立了自己的威信，然后才颁布变法的法令。商鞅通过这种方法展现诚信，秦国从此变法而强盛。而燕国曾通过展示诚信，招揽到天下的人才。

南登碣石馆，遥望黄金台。
丘陵尽乔木，昭王安在哉？
霸图今已矣，驱马复归来。

这是唐代大诗人陈子昂写的一首诗，诗的名字就叫《燕昭王》。公元前314年，燕王哙禅让给相国子之，结果导致燕国内乱，燕王哙、子之、太子平都死于乱中。齐国乘燕国内乱出兵，侵占了燕国的大片土地。公子职从韩国回到燕国，继承王位，就是陈子昂诗中的燕昭王。燕昭王当了国君以后，平息了燕国内乱，决心招纳天下有才能的人，只有这样才能振兴燕国，夺回被齐国占领的土地。虽然这样的想法是好的，但是燕国当时并不强大，对诸侯国的人才也没有多少吸引力。燕昭王感到很苦恼，就去请教燕国的老臣郭隗，想要从他那里问出方法，吸引有能力的人到燕国来效力。

郭隗没有正面回答问题，而是给燕昭王讲了一个故事：从前有一位国君十分喜爱良马，为一匹千里马愿意出一千金的高价。可是整整等了三年，他一匹千里马也没有买到手，不知道如何是好。这时候国君手底下有一个人说自己有法子买到最好的千里马，国君一听很高兴，就给了他一千金，让他出去寻找千里马。这个人整整花了三个月的时间，终于寻找到千里马的踪迹。但马的主人告诉他来晚了，那匹千里马已经死了。寻找千里马的人并不气馁，和马主人商量要用五百金买马的骨头。马主人觉得这个家伙有点傻，痛快地答应了。国君见买马人回来了很高兴，结果只见到一堆马骨头，还是用五百金买的。国君大怒，要惩罚买马骨的人。他却说："我这样做告诉天下人，大王真的十分喜爱千里马，连马骨都愿意出五百金，更何况是真的千里马呢？很快就会有人给您送来千里马的。"果然消息传出之后，一年之内就有好几匹千里马被送到国君这里。

郭隗讲完故事对燕昭王说："大王求贤若渴，可以学习买千里马的国君，首先要让天下人知道大王求贤的诚意。我算不得什么贤才，但是可以起到马骨的作用。大王先重用我，像我这样的人也能得到大王的赏识，真正的人才就纷纷来到燕国，受大王驱驰。"燕昭王听了之后恍然大悟，就为郭隗修筑了“黄金台”，对郭隗十分尊崇。消息传出去不久，各国的贤人纷纷慕名而来，希望得到燕昭王的重用。有了这些人才的帮助，经过二十多年的卧薪尝胆，燕国联合其他国家共同攻打齐国，占领了齐国七十多座城市，国势达到了顶峰。

人才难得，所有必须以诚信召之，而最宝贵的是生命，在关系生命的事情上，唐太宗展现了自己的诚信，赢得了别人的诚信。

有一次，唐太宗看到了一张针灸图，他发现人的五脏离背部都很近，所以在针灸的时候必须十分谨慎，微小的误差就会带来严重的后果。他由此想到了很多，特别是想到了刑罚的问题，他说：用荆条打犯人的背部，这在常用的五种刑罚中是最轻的了，但是看起来还有很大的风险，一不小心就会置人于死地。人的生命如此宝贵，怎么能因为一点小错就让犯人冒被打死的风险呢？于是唐太宗下令，不再用荆条打犯人的背部作为惩罚的手段。唐太宗对死刑的问题更加谨慎，他强调“慎刑”，希望能最大程度地减少在死刑上的错误。唐太宗之前，掌刑官在对囚犯执行死刑前要先向皇帝提交三次报告，称为“三覆奏”。唐太宗认为“人命至重，一死不可再生”，死刑三覆奏还是不够的，就把三覆奏改为五覆奏。同时为了表示对死刑的慎重，在犯人执行死刑那一天，“尚食勿进酒肉，教坊太常辍教习”。

唐贞观六年十二月，唐太宗亲自检阅第二年秋天要执行死

李世民

刑的囚犯案卷，想到这些人只剩下最后一个新年可以过了，就决定把他们从监狱中释放出来，全部放回家，和家人团聚，过一个年，之后自己回到监狱报到。大臣们都劝说唐太宗，说这些人肯定会逃走，不再回到监狱等死。唐太宗却不这么想，他认为这些人一定会回来的。果然，唐太宗放走的将近四百名死囚，全部都回到了监狱，没有一个人逃亡不归。唐太宗看到他们信守诺言，就赦免了他们的死罪。这就是历史上著名的唐太宗"纵囚"事件。唐太宗的这种行为正体现了《老子》中所言的"信者，吾信之；不信者，吾亦信之，德信"。守信不因对象而有所区别，宋代名臣种世衡也做到了这一点。

北宋庆历三年春，范仲淹巡视宋国边境，得到消息说环州地界的很多羌族偷偷和夏国国主李元昊有所联系，给边境的安宁带来了很大隐患。范仲淹思索应该如何应对这种情况，突然想到了一个人——种世衡。种世衡当时是鹿州判官，他为了抵御西夏的进攻，在延安东北二百里修筑了青涧城，同时安抚羌族百姓，在当地人民中颇有声望。范仲淹觉得他是一个合适的人选，就上表请宋仁宗任命种世衡为环州知州，来安抚羌族，维持边境的和平。这一任命果然有效。羌族部落酋长牛奴讹，非常凶悍，好生事端，但听说种世衡要来环州，竟率领随从迎接出很远很远。种世衡见到牛奴讹之后，为拉近双方的关系，约定第二天到牛奴讹的部落去，慰劳他的百姓。没想到天有不测风云，当天晚上下起了纷纷扬扬的大雪，一夜的时间，积雪足有三尺多深。种世衡的侍从都劝他不要去了："牛奴讹十分凶狠，又很狡诈，这种天气道路难以行走，更不应该身涉险地。"种世衡却不同意他们的说法，他说："我结交羌人靠的是信义，怎么能够不遵守约定呢？"于是种世衡冒着漫天风雪前往牛奴讹的部落。种世衡在这种天气依然按照约定到达，让牛奴讹大吃一惊，他佩服地说："我们的部族世代居住在这里，汉人官吏没有一个敢过来的，你却毫不怀疑地过来了！"牛奴讹和全部落的人都对种世衡十分佩服，从此不再骚扰环州。由此看来，讲信用对于消除疑心和聚拢人心，是有奇效的。

以上都是正面的例子，但如果不重视诚信，那就很容易造成不良的后果。一个人听不到真实的意见，不注重实际情况，而只想听自己喜欢听的话，那必然与实际脱节，身处地位越高，后果越是严重。秦二世就是这样的反面典型。

秦二世是个荒唐可笑、专制独裁的统治者，他闭目塞听，对大臣们上奏的事情，不论事实，不作任何分析，只以自己的喜恶为标准，误国误己。当时秦国对百姓的压迫深重，很多人到了活不下去的程度。陈胜、吴广在戍边途中因为下雨延误了日期，他们商量说："今亡亦死，举大计亦死；等死，死国可乎？"两个人领导戍卒在大泽乡揭竿而起，发出"王侯将相，宁有种乎"的呼声。大泽乡起义之后，点燃各地百姓反抗秦朝压迫的怒火。他们纷纷起来造反，杀掉当地的郡守、县令、县丞，用实际行动响应陈胜吴广起义。一时间，整个秦朝看上去无比稳固的天下摇摇欲坠。而这时候，秦二世还蒙在鼓里，以为天下太平。有不少秦国的大臣将起义的情况如实地向秦二世汇报。结果秦二世不仅没有马上采取措施，反而将说真话的大臣下狱治罪。从此之后，再有使者从各地回来，就对秦二世说："群盗，郡守尉方逐捕，今尽得，不足忧。"秦二世听到这种假话之后非常高兴。不论事实如何，从自己的主观愿望出发，只愿意听让自己舒服的假话，不愿听刺耳的真话，必然会做出错误的判断和措施，结果是天下起义军的声势越来越大，秦二世就在这语言造成的假象中迅速消亡了。

不重视诚信的后果很严重，为什么还有很多人对诚信抱怀疑态度呢？因为诚信需要时间来检验，无论是保持自己的诚信还是选择相信对方的诚信，都需要承担一定的风险，付出一定的成本。很多事情，需要很长时间才能辨别真伪，更需要一定的分辨能力，唯有这样，诚信的品质才显得尤为宝贵。周公辅政的故事千古流传，从中我们也能读出这样的道理。

周武王消灭殷纣王、建立周朝之后不久就生病去世了。太子姬诵继承了王位，成为周朝的第二代君主，也就是周成王。殷商被灭国之后，旧族仍有很大力量，各地的商人势力并未完全臣服于周人，天下并不太平。周人内部对如何治理这个天下也议论纷纷。国家在这个时候需要一个成熟而有威望的领导人，年幼的周成王显然不能解决这些矛盾。

周公旦是武王的弟弟、成王的叔父，同时在周人中德高望

周公

重。他当仁不让地担起了治理天下的重任，成为摄政，帮助周成王处理国政，统率大臣，处理灭商之后遗留下来的问题。由于周公在摄政的位置上权力很大，各种针对周公的流言也起来了：有的说周公居心不良，想要把持朝政；有的说周公想取代成王，自己当天子。周公对此不为所动，但他面对着比流言更可怕的问题。周武王灭商之后，商朝的遗民是一个大问题，为了处理这些残存的势力，周武王将商朝京畿地区分为三部分，让自己的弟弟管叔、蔡叔、霍叔进行监督。结果管叔、蔡叔对周公主持朝政非常不满，勾结在一起进行叛乱。商纣王的儿子武庚率领商朝的遗民，也参加了这场叛乱，一时间声势浩大。周公面对这种危急局面，立刻调集大军征讨叛乱。结果，武庚兵败被杀，管叔被处死，蔡叔被流放，霍叔被贬。新生的周王朝度过了一次大危机。

平定叛乱之后，周公提出"敬德保民"的思想，制礼作乐，建立种种制度，为周王朝的长治久安做出了杰出的贡献。等周成王长大成人之后，周公将执政权交回成王，回到自己的封地隐居起来，表现出了崇高的道德。当年针对周公的那些流言也不攻自破了。

诚信如此重要，而中国人很早以前就认识到诚信的精神，众多思想家、学者都对此做个深入的解释和探讨，历史上众多的人和事也证明，诚信的精神一直延绵不绝，成为中国人格精神的重要组成部分。

二、诚信在今天的现实意义

中国共产党第十八次代表大会报告提出，要大力加强社会主义核心价值体系建设，“倡导富强、民主、文明、和谐，倡导自由、平等、公正、法治，倡导爱国、敬业、诚信、友善，积极培育和践行社会主义核心价值观”。在社会主义核心价值体系中，诚信占有十分重要的地位，可以说，诚信是社会主义核心价值观的道德基础。中华民族千百年都十分重视诚信在社会生活和个人修养中的作用，历代思想家、哲学家都对诚信有过自己的论述和解释，诚信的思想可谓是源远流长。在中国传统儒家思想中，诚实守信具有崇高的地位，可以说是“立人之本”、“立政之本”和“进德修业之本”，在儒家五种最重要的道德“仁义礼智信”中也占有一席之地。今天我们践行社会主义核心价值观，必然要从中华思想传统中汲取营养，同时还要结合今天的生活实际，在新的历史条件下，将诚信的精神发扬光大。要做到这一点，首先就是要深刻理解诚信的意义。儒家对诚信的理解很深，从儒家最著名的一对师生孔子和颜回身上，我们能够体会到诚信的作用和力量。

孔子是中国古代伟大的教育家和思想家，他的先人是宋国人，宋国是殷商的后裔，所以孔子身上也有商人的血统。孔子出身在鲁国的贵族门第，但是当孔子出生的时候，他的家族已经败落，家里的情况十分艰难。孔子从小就吃了不少苦。孔子母亲去世的时候，他连自己父亲的墓地在哪里都不知道，只能把母亲的棺材停放在路口，向来往的行人打听，后来还是邻居的母亲告知孔子他父亲的墓地在哪儿，这样孔子才能将父母合葬。穷人的孩子早当家，孔子从小就善于学习，长大之后成为著名的教育家和政治家。凭借自己的才华，孔子逐渐在政坛上崭露头角。他五十一岁的时候担任了鲁国的中都宰，后来又做了司空、大司寇。孔子主政鲁国期间，取得了一系列的政绩。鲁定公十年（公元前500年），鲁定公与齐景公在夹谷相会，孔子利用外交手段，以武力为后盾，为鲁国讨回了被齐国侵占的汶阳等地。为了重新树立鲁国国君的权威，孔子想要削弱鲁国当时最有权势的三家大夫的势力，将他们的城池拆毁，这就是“隳三都”的行动，叔孙氏的郈邑、季孙氏的费邑先后被拆除，可惜孟孙氏的郕邑最后没有被拆掉。孔子治理鲁国，取得了很大的成绩，鲁国的国势蒸蒸日上，引起了邻国齐国的担心。齐国大夫黎鉏定下了计策，向鲁定公赠送舞女和车马，让鲁定公沉溺于酒色玩乐，疏远了孔子。孔子本来对鲁定公还

颜回

抱有希望，但是鲁定公不但不理解孔子的苦心，而且不按照旧礼，在祭祀之后为贵族们分发祭祀用的肉。这让遵循周礼的孔子希望破灭了，他为了自己的政治理想，决定离开鲁国，去外面的天地。离开鲁国以后，孔子和他众多弟子周游列国，推行自己的政治主张，他们去过卫、曹、宋、郑、陈、蔡、叶、楚等地，然而这些国家的当政者都没有重用孔子，也没有采用孔子的政治主张。孔子离开故土十四年，这段时间里，在匡、宋、蒲等地，孔子多次遇到十分危险的情况。在遇到危难的时候，孔子的弟子们发挥了重大的作用。孔子的弟子颜回身上曾经发生过这样一件事情。

颜回是孔子十分欣赏的学生。有一次，颜回和子路在孔子身边听老师讲课。孔子说："为什么不说说你们每个人的愿望呢？"子路说："愿将车马和裘衣和朋友分享，把它们用坏了也没有什么遗憾的。"颜渊说："我愿做到不夸耀自己的好处，不宣扬自己的功劳。"子路说："您也说说自己的愿望吧。"孔子说："老人能享受安乐，朋友能够相信我，年轻人能够怀念我。"孔子对颜回说："用到我，我就推行自己的主张；不用我，我就退隐起来。只有你和我能做到这一点吧。"由此可以看出，孔子对颜回的志向是很赞同的，对他的人品也十分了解。

孔子周游列国的过程中，有一次走到在陈国和蔡国之间的地方。当时新兴的吴国正在讨伐陈国，陈国向楚国求援，正在这个时候楚昭王派人请孔子去楚国。陈国和蔡国的大夫害怕孔子被楚国所用，派人将孔子围困在两国之间的旷野里面。这个地方四处没有多少人家，没有地方找吃的。面对这种情况，孔子脸上没有生气或沮丧的样子，每天照样诵读经典。过了七天，子贡见老师和同学们饿得快不行了，便想办法突破重围，用自己身上的一点财物到附近乡村换了一点米回来，希望给大家解解燃眉之急。

这一点米，讨回来后颜回负责煮饭，找了一口大锅，在一间破屋子里为大家煮饭吃。快煮熟的时候，子贡从屋子外面经过，正好看见颜回往嘴里抓了一把饭吃。子贡看了有些不高兴，心想颜回应该不是这样的人，怎么老师还没有吃，他自己却先吃上了呢？子贡没有进屋子和颜回对质，而是去找孔子解决心中的疑惑。子贡见到孔子，先行了一个礼，然后问夫子："仁人廉士，在穷困的时候会改变他们的节操吗？"孔子回答说："在穷困的时候改变节操，那还叫什么仁人廉士呢？"子贡就接着问孔子："像颜回这样的人，该不会改变他的气节吧？"孔子不知道子贡为什么会这样问，但是他很清楚颜回的人品，知道他是一个诚实无欺的人，于是很明确地回答子贡："当然不会。"子贡又问："那他为什么要先抓饭吃呢？"便将看到颜回偷吃的事情告诉了孔子。孔子听后，并没有很惊讶，说："我相信颜回的人品，虽然你说你亲眼看见了，但我还是不能相信，可能其中有什么缘故吧，你不要和别人说这件事情，我先问问他到底是怎么回事。”

过了一会，饭熟了，颜回请孔子先吃饭，孔子假装不知道刚才颜回用手抓饭吃。孔子对颜回说：“我刚才在等着你做饭的时候，做了一个梦，我梦见我的先人。我想应该祭祀一下先人。你的饭已经做好了，我先拿一些干净的饭，用来祭祀祖先。”颜回听了，马上恭敬地对孔子说：“夫子，这饭已经不可以用来祭祀先祖了。”孔子问：“为什么呢？”颜回回答道：“我刚才煮饭的时候，有炭灰掉进了锅里，把米饭弄脏了，我又舍不得丢掉，于是抓起来吃掉了。这样的饭已经不能用来祭祀祖先了。”孔子听后说：“原来是这样，如果是我，也一样会这样做的。”颜回退出之后，孔子对几位在场的弟子说：“我对颜回的信任，不必等到今天才证实。你们要记住，看见的不一定可信，要了解一个人是不容易的。”

颜回的行动证明了孔子对他的信任不是没有理由的，颜回做到了“诚信”，他一没有欺骗自己的老师，二没有欺骗自己的同学，他的行动，只是按照自己心里认为正确的方式做，所以他不仅受到孔子的赞许，也应该成为我们学习的榜样。

很多人生活在和平的年代，食不厌精脍不厌细，饿肚子的事情一辈子也遇不到几次，遇不到颜回那样的考验。但生活处处有诚信，从最小的事情上，也能体现一个人的品德。比如守时这件事情，看上去不大，却很能反映一个人的诚信。

一手缔造联想集团的著名企业家柳传志就是一位非常守

孔子

时的人。他经常要参加一些商业聚会和社会活动，凡是这种时候他总是早到或者准时到，从来没有迟到过。原因说穿了也很简单，柳传志参加活动的时候总是算好提前量，留下足够的时间。如果一个活动正式开始的时间是上午10点钟，他就要把出发前的准备时间、路上消耗的时间、到达后进门的时间，甚至路上塞车的时间全部计算在内，提前出发，保证自己有充裕的时间到达。有这样的好习惯，柳传志总是能够按时到达会场。

有人可能觉得他在外部会议上这样做是表示对举办方和其他客人的尊重。其实不然，柳传志在这个问题上是深有感触的。他参加过很多活动，看到过很多企业家不守时，开会总是迟到。他觉得这些人对自己不负责，也是对别人不负责，所以柳传志决心从自己做起，做一个守时的人。他不仅在对外活动的时候这样做，在公司内部的会议上，同样不放松对自己的要求。有一次他迟到了几分钟，就自动地罚站半个小时。其实他的迟到是有原因的，到会场的电梯正好出了故障，柳传志才没有准时到达。可是柳传志没有给自己找理由，他认为不管是什么原因，迟到就是迟到，如果有理由可讲就可以放过，又怎么会有进步呢。

诚信是对别人的一种尊重，也是对自己的一种尊重。这种尊重什么时候都是给自己和别人带来正能量的。

第二章
诚信有什么用？

一、日常人际交往中的诚信

诚信作为一种重要的伦理道德，在我们的日常人际交往中发挥着难以替代的作用，也给人难以替代的精神慰藉。很难想象，人与人之间如果没有了诚信，如何能互相交往。自古至今，有不少诚信的鲜活例证，范式和张劭的友谊就是一例。

范式和张劭是东汉永平年间的人，他们是东汉最高学府太学里的同学。张劭，字元伯，是汝南人。范式，字巨卿，是山阳郡人。两个人在太学读书的时候结下了深厚的友谊，从洛阳回家分手的时候，他们相约再见面。范式要到张劭的家乡去看望他。到了约定好的时候，张劭很早就开始准备，迫切地希望和自己老友见面。张劭的母亲见他这样焦急，就安慰他说："孩子啊，你不要太过着急了。你们已经有很长时间没有见面了，再等上一阵子也没有关系。更何况山阳郡山高水长，你朋友在路上耽搁几天也是正常的。你们分手的时候说的话，也许人家都忘了，就你这样当真。"张劭说："母亲，你不知道巨卿的为人。他说过的话，是一定会做到的，更何况是对我。他既然答应了要来看我，一定不会失约的。”母亲见劝说没有用，只好帮着他准备招待客人的东西。到了那一天，一家人早就准备好了酒席，就等着范式来了，可左等也不来，右等也不来。张劭在自家庭院里来回踱步，一边走一边侧耳倾听院外有没有脚步声，表情有些焦急。张劭嘴里不住地说：“这么晚了，巨卿兄怎么还没来？”

后来实在等得心烦，张劭就到路口去迎接。看看天色快到中午了，从远处飞驰来一辆马车。马车停下来之后，跳下来一个人。张劭定睛一看，果然是范式。两个人大笑着走到一起。原来范式途中生病耽搁了不少时日，但还是按时赶到了张劭的家里。张劭一听十分激动，将范式迎接进了自己的家里。两个人当天晚上把酒言欢，讲述别后的情况，共同回忆在太学读书时的情景，不时发出大笑声。家里人都说从没看见张劭这么高兴过。

两个人久别重逢，在一起探讨求学中的疑难之处，仿佛又回到了太学，晚上两个人抵足而眠，要谈到很晚才睡。可惜离别的一天终于来了。分别的时候，范式感慨地说：“我们不知道什么时候才能再见面？今天我才知道古人俞伯牙和钟子期的友情是多么深厚。”张劭说：“我与巨卿兄相见恨晚，可说是生死之交。无论何时何地，只要巨卿兄一声招呼，我虽然远隔千山万水，也会去看巨卿兄的。”范式大笑着说：“君子一言快马一鞭，你将来可不能反悔啊。”张劭一直将范式送出很远才回家。

范式离开没有多长时间，张劭忽然病倒了，没有几天工夫，他的病已经很重了。听到张劭卧病在床的消息，他的老朋友郅君章、殷子征结伴来探望他。两个人看到张劭的样子，都十分伤心。郅君章握住张劭的手说：“元伯，几天不见你怎么变成了这个样子？”张劭苦笑了一下，说：“我也不知道，恐怕这病是好不了了。”殷子征安慰他说：“不会的，你不要多想，你的病很快就会好起来的。”张劭说：“你不要安慰我了，我知道自己时日无多了。”郅君章、殷子征一听这话，更加伤心了，问张劭还有什么心愿未了。张劭说：“我没有未了的心愿，只是想等我生死之交的好朋友范式来给我送葬。请你们帮忙让人去山阳郡通知一声范巨卿，请他来送我最后一程，我相信他一定会来的。”郅君章、殷子征两个人表示一定会满足张劭的心愿，派出信使骑最快的马赶到山阳郡去报信。

此时的范式在山阳郡，因为受到当地郡守的赏识，在郡府就职，负责全郡的礼仪、文教等等。虽然每天的工作十分繁杂，但范式尽心尽力，从不疏忽一件小事，受到了一致的好评。这一天，他突然听说外面有人来找他，是汝南来的信使。他想：“不会是元伯派来的人吧？他有什么事情找我吗？”信使一进门来就把张劭生病的事情告诉了范式。范式一听，大吃一惊，赶紧向郡守请假，说自己要去看生病的朋友。郡守说：

“听来报信的人说，张劭已经病入膏肓了。即使你现在赶过去，也不见得能见到他最后一面。”范式说：“我知道元伯的性格，他不见到我是不甘心的。我所能报答他的就是去看他而已，我一定要去。”郡守见挽留不住范式，只好命人给范式找来一匹最快的马。范式骑上马，以最快的速度，日夜兼程地向汝南飞奔而去。

张劭的病情越来越重，很快就不行了。临死的时候，他还望着门外，在等待自己最好的朋友范式，可最终也没有等到。张劭去世之后，他的母亲记着儿子的心愿，继续等了范式三天，到后来不能再等了，只好举行了葬礼。到了出殡的这一天，当地很多人都来了，他们仰慕张劭的学问和德行，都来送张劭最后一程。一辆马车载着张劭的灵柩往墓地走，正走到范式和张劭相遇的路口，马车的车轮陷进地上的一个土坑，众人赶紧往外拉，可是马车就是纹丝不动。张劭的母亲一下子哭了，说：“儿啊，你是不是还有心愿未了？你是不是在等范式啊？你真是个傻孩子啊！”

正在众人一筹莫展的时候，远处扬起了一股尘烟。大家不知道是怎么回事，都往远处望，渐渐能看清楚了。有一匹马飞奔而来，马上的人还在呼喊着什么。张劭的母亲最先反应过来，说：“一定是山阳郡范巨卿。”这正是范式来了。他一路上不停地赶路，原来的白马，现在汗水夹杂着尘土，已经分辨不出是什么颜色了。范式已经顾不上这些了，他只想着要赶到张劭身边。到了路口，范式看到棺木，一下子什么都明白了。他飞身下马，扑到张劭的灵柩上痛哭失声，很久才被周围的人拉起来。大家看到他这么伤心，都为他们的友情而感动。过了一会，范式止住哭声，才说："贤弟，我收到消息晚了。现在才赶到，我最后送你一程。"他和众人一起扶住车辕使劲向上抬，把马车弄出了土坑。范式走在马车旁边，将张劭的灵柩送到墓地，一直看着棺木下葬。见到此情此景，大家十分感动，都说这两个人堪称真是生死之交，是真正的诚信君子。

范式安葬张劭之后，又为他守墓三年才离去。

范式和张劭之间的友谊让人感动，他们不是为利益而结交，而是因为志同道合、情趣相投，相交之后，彼此以诚相待，才有这千古相传的佳话。一个人在社会上活动，与朋友的关系是最重要的关系之一。只有坚持诚信的原则，才能在朋友中间维持健康良好的关系，友情也才能长久不衰。其中最重要的一点就是守信，对朋友说过的话，许下的承诺，一定要尽力去做。诚信是朋友之间交往的试金石。在这方面，不仅有许多正面的例子，更有数不清的反面例证。

吕元膺是唐代的名臣，他十分重视人的诚信精神。他曾经担任过蕲州刺史，有一次年底审问押在监狱里的囚犯，看到其中有个人脸上露出十分悲伤的表情。吕元膺就问他怎么了。表情悲伤的那个人说："我的父母已经年老体弱了，可是我却犯了罪在监狱里。虽然明天就是大年初一，老人家还在家里等

俞伯牙与钟子期

着一家人过年，可是我却不能回去在他们膝下尽孝，所以我很伤心。”说完这话，犯人伤心得落下了眼泪。吕元膺听到这话之后，叹了一口气，命令让所有在押的犯人回家过年。犯人们都不敢相信自己的耳朵，吕元膺再次命令打开刑具，放犯人回家，还告诉了他们过完年之后要按时回来。犯人们全都欢呼起来。吕元膺的下属怕犯人们会趁这个机会逃走，一个个都劝吕元膺不要这样做，万一有犯人逾期不归，上面查问下来，吕元膺也会受责罚的。对此吕元膺回答说：“我用诚信对待别人，他们也会用诚信对待我。”过完年之后，被放回的囚犯果然按时返回，没有一个人趁此机会逃走。这件事情传出去之后，连蕲州当地的强盗都深受触动，纷纷离开了蕲州。

吕元膺有一个十分痴迷的爱好，就是下棋。他担任东都洛阳留守的时候，经常和自己的门客一起下棋。如果门客赢了他，就可以在衣食住行各方面享受更好的待遇。有一次，吕元膺正在和一个门客下棋，有一份需要他批阅的紧急公文送来了。吕元膺就暂停下棋，专心批阅公文，他如此专心，注意力全都集中在公文上面。和他一起下棋的那个门客看见吕元膺不注意棋盘，想自己的棋力不如吕元膺，如果不抓住这个机会，很难赢棋，也就没法提高待遇了。于是他趁着吕元膺批阅公文的时候，伸出手偷偷地将一枚棋子换了一个位置。虽然只是一枚棋子的位置，但却影响了整个棋局，这个门客就能稳稳赢下这盘棋了。但是他这个伸手的动作却被一旁批阅公文的吕元膺看见了。吕元膺当时什么表示也没有，批阅完公文之后，继续和对方下棋。没有多少步，吕元膺就输了。门客高高兴兴地回去了，等着吕元膺给自己提高待遇。没想到第二天，吕元膺把门客叫来对他说："我这里人口众多，没有合适的位置，唯恐耽误先生，还是请先生另谋高就吧。"门客一听就傻了眼，知道自己昨天的举动原来都被吕元膺看在眼里，只好灰溜溜地从吕元膺这儿走了。

他走了之后，吕元膺对谁也没有再提起这件事情。直到许多年以后，他才对儿孙们说起了这件事情。他说："人一生与别人交往，最重要的是诚信。当年我担任东都洛阳留守的时候，经常和自己的门客下棋。有一次，棋友趁我不注意，偷偷移动了棋子的位置，这样赢了我一盘棋。我当时已经看见了，但没有当场拆穿他，而是过后让他离开了。从这件小事情上，我能感觉到他不是一个十分诚信的人，虽然可能有人觉得我是小题大做，但我对自己的做法并不后悔。"这时候，儿孙们才知道当年事情的真相，也明白了吕元膺的良苦用心，更理解了诚信在吕元膺心中有着多么重要的分量。

吕元膺因小见大，从一件小事情上看出一个人没有诚信，看出他和自己的价值观不同，所以客气地分手了。从中我们可以看到，诚信的人在人际交往中重视的是什么。正因为对诚信的重视，所以很多家长特别重视对自己孩子这方面的熏陶和培养，更甚于对孩子知识技能的训练。

司马光是宋代伟大的历史学家，他小时候就非常聪明，经常得到大家的称赞。虽然还是六七岁的孩子，可是年少的司马光已经有点飘飘然了，认为自己的聪明才智比别的孩子都强，不禁有些骄傲起来。

有一年秋天，司马光家里种的核桃成熟了。姐姐带着司马光捡了一些核桃吃，核桃很硬，他们“乒乒乓乓”砸了很久才砸开。本以为核桃会很好吃，可是司马光把剥好的核桃往嘴里一放，立刻就吐了出来，原来核桃非常涩，根本吃不下去。姐姐看见司马光的样子，一下子就被逗乐了，她告诉司马光桃核要剥开外面的皮才能吃，还手把手地教他怎么做。司马光按照姐姐教的方法剥核桃的皮，但这些核桃皮十分难弄，让司马光出了一身大汗。姐姐在旁边看了一会儿，有事情去别的屋子了。司马光还在和核桃较劲，这时候一个女仆进屋拿东西。她看到司马光费劲对付核桃的样子，说她有好办法。她打来一盆热水，将核桃肉放在里面，泡上一会儿，然后拿出来用手一搓，核桃皮轻轻松松地就下来了。司马光拿起去了皮的核桃肉，放到嘴里一尝，再也不苦了，连声说好吃。这时候司马光的姐姐回来了，看到弟弟吃核桃吃得起劲，问他怎么一下子就把核桃皮去掉了。司马光本想说实话，但又有点不好意思承认是女仆教自己的方法，就说：“我用开水一泡，核桃皮就乖乖地掉下来了。”姐姐一听很高兴，连夸自己的弟弟聪明。

他们俩在屋子里高兴地说笑。这时候司马光的父亲司马池推开门走了进来。他走到司马光面前，严肃地问："用开水泡的方法剥核桃皮，这是你自己想出来的？"司马光看见父亲严厉的目光，心虚地摇了摇头。原来，司马池刚才在屋子外面已经看见了实际情况，他想不到自己的孩子会撒谎。现在既然儿子已经承认错误了，他意味深长地告诫孩子："做人要以诚信为本，在小事情上也不能说谎话。"司马光说："我一定记住父亲的教诲，做一个诚信的人。"

司马光长大后，有一次要把自己的一匹马卖掉。家人将马带到市场上，最后与一位老者谈妥了价钱，说好第二天老人来牵马。家人回来向司马光报告，司马光问："你有没有和人家买主说清楚这马有点肺病？"家人说："这哪能告诉他，告诉了他还能卖吗？"司马光说："不能这么说，如果你不把这件事情告诉买主，就是在骗人。这种有违诚信的事不能干。"他命令家人第二天如实把情况告诉给老者。这件事传开之后，大家纷纷称赞司马光是一位诚实君子。

诚信的精神需要从小培养，家长身教更甚于言传。孔子的得意门生曾参说："吾日三省吾身——为人谋而不忠乎？与朋友交而不信乎？传不习乎？"意思是他每天都多次检查自己的言行，看与人共事是不是诚恳，与朋友交往是不是讲信用，老师传授知识是不是及时复习了。曾参在生活中严格地实践着自己的要求。

一次，曾参的妻子忙完家务，准备赶集买点东西给家里用，

司马光

但最小的儿子却吵着要跟妈妈一起去。曾参的妻子着急去赶集，嫌带着一个孩子太麻烦，于是便对儿子说："好孩子，你要是在家里乖乖等妈妈，妈妈回来就让你吃肉。"小儿子最喜欢的就是吃肉，一听妈妈这样说，特别高兴，不再吵着要和妈妈一起去市场，自己乖乖在家等着。曾参的妻子在集市上逛了好半天才回家，进门一看，曾参正在磨刀，儿子蹲在旁边兴奋地看着。她不知道是怎么回事："今天是什么日子，你这是要干什么啊？"曾参一指旁边的儿子，说："你不是说他不闹着和你去市场，你回来就给他吃肉吗？"曾参的妻子一听："唉呀，我是不想带他去市场，随便说个谎骗他的，你怎么还认真了？"曾参严肃地对他说："你怎么能随便说谎欺骗孩子呢？如果自己言而无信，不兑现承诺，那么孩子会怎么想呢？"

曾参最终用行动向孩子做出了守信的榜样。诚信不分年龄，不要以为小孩子什么也不懂，他们明白的道理一点也不比成年人少。诚信可以通过家庭的教育薪火相传，延绵不绝。

陶行知是中国著名的教育家，他对自己孩子的教育也十分重视。陶行知先生第二个儿子陶晓光的女儿陶铮曾经这样说："虽然我和祖父没有见过面，但他在家中无处不在，家里人都亲切地称他为'老夫子'。"陶铮说自己的父亲对祖父印象最深刻的是一封信，一封承载了一种诚信精神的信。陶行知先生在这封信里写道：我们必须坚持"宁为真白丁，不做假秀才"。

陶行知先生的这封信是1941年写的，起因是1940年年底，

曹参

陶晓光到成都一家无线电厂求职。工厂向他要学历证明书，陶晓光没有正规的学历，无奈之下只好写信给育才学校副校长马侣贤，希望能给自己提供一张晓庄学校的毕业证明书。陶行知听说这件事情之后，立刻发电报让陶晓光把证明书寄回来。随后他又写了这一封家信，他在信中说：

最近听说马肖生寄了一张证明书给你。他擅自做主，没有经我看过，我不放心，故即于当晚电你将该件寄回，以便审核有无错误，深信你已经遵电照办。现恐你急需文件证明，特由我亲自写了一张，附于信内寄你。你可根据这样证明，找尚达弟力保。我们必须坚持“宁为真白丁，不作假秀才”之主张进行。倘使这样真实的证明不合用，宁可自己出钱，不拿薪水，帮助国家工作，同时从尚达弟及各位学术专家学习。万一竟因证明不合传统，而连这样的工作学习亦被取消，那末，你还是回到重庆，这里有金大电机工程，也许可去，或与陈景唐兄商量，径考成都金大。总之，“追求真理做真人”，不可丝毫妥协。万一金大也不能进，我愿筹集专款，帮助你建立实验室，决不向虚伪的社会学习或妥协，你记得这七个字，终身受用无穷，望你必须努力朝这方面修养，方是真学问。

陶行知是一位教育家，他看重的是人的真才实学和诚信精神。他四个儿子有三个没有正式的学历，但并不妨碍他们成材。陶行知没有为儿子提供毕业证明书，而是教给他们“追求真理做真人”。

陶行知

二、社会活动中的诚信

诚信不仅在日常人际交往中十分重要，更在人的社会活动中发挥着不可替代的作用。诚信不仅能降低人与人交往的成本，更能给赢得社会的接纳与承认。

秦朝末年，老百姓在沉重的压迫下生活非常痛苦，要负担多种劳役。季布是楚国人，是项羽的同乡。他从小就有游侠之风，很早就开始在当地行侠仗义，帮助处于困苦中的百姓。季布还有一个特点就是十分重然诺，凡是答应别人的事他一定会做到，有时候为了帮助别人不惜牺牲自己。这让他在当地人民中有很高的声誉，到处受到欢迎。乡亲们都说："黄金百斤，也不如季布的承诺。"后来，这句话就演变为一个成语"一诺千金"。

在秦末大起义中，季布参加了楚霸王项羽的起义军。项羽很早就听说了季布的大名，任命他为将军领兵作战。季布作战十分勇敢，在战场上经常冲在第一线。士兵们跟着他士气大振，经常赢得胜利。很快，季布就成为项羽军中的重要将领。

秦朝灭亡之后，楚汉之争爆发了。在这场战争中，季布的表现依然很出色。他多次打败刘邦的汉军，甚至好几次围困住了刘邦，刘邦好不容易才逃脱性命。公元前202年，楚汉之间爆发了垓下之战，最终项羽的楚军全军覆没，自刎于乌江岸边。刘邦获胜统一天下，建立了汉朝。刘邦对季布之前的行为耿耿于怀，一定要把季布抓住才解恨。于是他发出全国通缉令悬赏缉拿季布，有谁能抓住季布赏赐千金，有谁帮助季布藏起来的要杀掉三族。

在这种情况下，季布只好东躲西藏。后来他逃到了河南濮阳，投靠自己的一个好朋友周氏家里。这一天，濮阳的城门口也贴上了捉拿季布的布告。周氏见情况不妙，知道自己难以再帮助季布躲藏下去了。他回到自己的家里，和季布说了通缉令的事情，然后说："将军，现在整个天下都在找你。濮阳这里也并不安全，相信他们很快就会找到这里来了。如果将军能听我的话，我可以给将军出一个主意；如果将军不能听我的话，我情愿现在就死在将军面前。"季布说："我听你的话，你说说看有什么办法。"

周氏说："黄金百斤，不如得季布一诺。既然将军相信我，我就好说了。现在只有山东的游侠朱家能够收留你。朱家在当地势力很大，和汝阴侯夏侯婴也有关系。将军在那里会有容身之地。只是要委屈将军一下，我要把将军装扮成奴仆的样子运到山东去。”季布思量之后同意了。周氏剃掉季布的头发，让他换上粗麻衣服，和其他奴仆住在一起。第二天，周氏押解着季布和其他奴仆向山东进发。走了好些日子，才到了山东。周氏特意到朱家的家里去卖奴仆，象征性地收了一点钱就卖掉了。他指着季布对朱家说：“这个人性情不好，还请多多容忍。”朱家看出那个人是季布，点头答应了。周氏走了以后，朱家把这些人都安排到地里干活。他特意交代自己的儿子关照季布：“这个人在咱们的田地里干活，不管干得怎么样，你都不要管，随他去。有一点你一定要记住，吃饭的时候，他必须和你一个桌子！”朱家安排好之后，想季布长久在这里也不是办法，应该帮助他脱罪。于是朱家就动身去了洛阳。

到洛阳之后，朱家去求见汝阴侯夏侯婴。夏侯婴是汉朝的开国功臣，当年是沛县县衙的小吏，和泗水亭亭长刘邦关系很好。夏侯婴有一次被刘邦误伤，因为担心刘邦被加重惩罚，他自己掩饰过去，反而因为涉嫌作伪证，被关了一年多。刘邦起兵之后，夏侯婴一直跟随他，屡次立下大功，还曾经向刘邦举荐过韩信，救过刘邦儿女的命，所以和刘邦的关系非常亲近。夏侯婴一见是他很高兴，摆下酒宴招待朱家。酒过三巡，菜过五味，两个人在酒席上叙旧，朱家趁机问：“现在全天下都在抓季布，不知道他有什么大罪，陛下一定要得之而后快？”夏侯婴回答说：“你不知道是怎么回事。季布在项羽手底下的时候，几次三番陷陛下于危难之中。陛下十分恨他，一定要抓到他。”朱家又说：“原来是这样，我有句话不知道是否合适，依您之见，季布是个什么样的人呢？”夏侯婴说：“平心而论，季布是个贤能的人，大家都说黄金百斤，不如季布一诺。”朱家一听赶紧说：“您说得没错。当时的情况下是各为其主，季布过去那是尽自己的职责。现在陛下刚得了天下，不顾一切地想报自己的私人恩怨，这合适吗？再说项羽手下的人那么多，陛下能全部杀光吗？这显得陛下过于狭隘了，传出去也不好。以季布的能力，如果把他逼急了，向北可以投靠匈奴，向南可以投靠百越。嫉恨壮士，把他推到敌国那里，所以才会有伍子胥攻打楚国，将楚平王鞭尸的事情。您作为国家的重臣，应该好好向陛下进谏啊！”

夏侯婴听了朱家的话之后认为很有道理，也想到季布可能在朱家那里，于是就答应了朱家的请求。夏侯婴第二天就去见刘邦，把朱家的话又说了一遍给刘邦听。刘邦最大的优点就是从谏如流，他想明白之后，立刻撤销对季布的通缉令，还将季布封为郎中。

到了刘邦的儿子汉惠帝的时候，季布已经是中郎将了。当时惠帝的母亲吕后把持朝政。北方匈奴对汉朝威胁很大，匈奴的冒顿单于派使者送来了一封国书，信中出言不逊而且带有要挟的意味。吕后看完大怒，立即召集大臣准备对匈奴采取军事行动。吕太后的妹夫上将军樊哙在会上大喊：“臣愿领着十万士卒，横行于匈奴。”参加会议的大臣都顺着吕太后和樊哙说应该出兵。

只有季布有不同意见，他冷静地说："樊哙当被斩首！当初，高祖带领四十万大军，被匈奴围困在平城。今天难道樊哙领十万兵就能横行匈奴吗？他这是当面欺君！当年秦朝为了讨伐匈奴，引发了陈胜吴广起义，导致灭亡。现在国家还没有从战乱造成的损失中恢复过来，樊哙当面奉承君主，想要轻举妄动，只会造成天下的动荡！"吕后对季布这些话也无话可说，当场宣布散会，不再考虑对匈奴用兵的事情了。

季布无论落魄还是飞黄腾达，一直保持了本色，这才有"得黄金百斤，不如得季布一诺"千古流传。还有一位古代政治家，在危难之中，依然保持着自己的诚信，不肯用谎言谋得一时之利。

管仲是春秋初期齐国著名的思想家、政治家，曾经辅佐齐桓公打出"尊王攘夷"的旗号，"九合诸侯"，成为春秋第一个霸主。公元前658年，管仲帮助齐国公子纠参与君位争夺，与公子小白也就是后来的齐桓公对峙。管仲在公子小白回齐国的路上一箭射中了他，以为胜券在握。没想到那一箭其实射到了公子小白身上的带钩，公子小白咬破自己的舌头，吐出一口血，骗过了管仲，抢先回到齐国登上国君之位。齐桓公继位之后，管仲和公子纠逃到鲁国。齐桓公听从鲍叔牙的建议，想要把管仲要回来。齐桓公给鲁国写信，故意说管仲是自己的仇人，让鲁国把管仲送回来，不答应的话就发兵攻打。鲁国害怕齐国，派人把管仲从鲁国押回齐国。一路上翻山越岭，一行人好不容易才来到齐鲁边境。这些人又累又渴就到管边境的鲁国小吏那里讨喝的吃的。那个鲁国小吏看见管仲就问：“这个囚犯犯了什么罪？”“这就是曾经射伤我们大王的管仲，大王一定要把他从鲁国弄回来。”这个人之前就听说过管仲的名字，心想：“管仲不是普通的人，回到齐国不一定会死，我现在好好对待他，将来说不定有机会得到他的报答。”想到这里，鲁国小吏就向管仲奉上了饮食。

管仲没想到这个人这样对待自己，十分感激。没想到那小吏说：“如果您回到齐国而不死，又有得志的一天，您将如何报答我？”管仲这才明白他的用意，正色道：“我是一个囚犯，命都不知道有几天，更不敢奢望被重用。如果我真能被齐国重用，我将任用有才能的人。你有什么才能不妨也说出来。”这个人一下子无话可说了。管仲回到齐国之后，受到齐桓公的重用，在齐桓公的争霸过程中发挥了重要作用，被齐桓公尊为“仲父”。

身为囚犯的管仲，仍能做到坚持原则，不虚言诳语，确实难能可贵。而陆抗与羊祜之间交往，则揭示出诚信需要长期一以贯之。

三国末年，西晋和东吴在荆州地区南北对峙，剑拔弩张。当时东吴军的首领是督护陆抗，西晋军的首领是平南将军羊祜，陆抗在乐乡坐镇，羊祜在襄阳屯兵。两军距离并不遥远，

管仲

随时都可能“擦枪走火”。但事实和想象的不一样，两军之间却不“剑拔弩张”，反而在较长的时间里保持着和平。这种情况和两军主帅之间的默契是密不可分的。

陆抗与羊祜虽然处于对立阵营，但却有相似的家庭背景，他们都出身于传统儒学世家，陆抗出身吴郡陆氏，羊祜出身泰山羊氏，两个家族都十分注重“德行”。陆抗的父亲陆逊在他很小的时候就教导他攻读儒家经典。羊祜的母亲蔡氏是汉末名儒蔡邕之女，著名女诗人蔡琰的妹妹，对羊祜的教育也是十分重视的。两个人都具有很高的儒学修养，也十分重视儒家的“信义”观念。两个人在边境对峙的时候，总是以信义为先，争取民心为先。两个人虽然领军相对，但并不封锁边境，而是让两国的百姓自由地来往、自由地贸易。除此民间交往之外，两个人还约束手下，让自己的士兵无故不要和对方发生冲突。有一次，晋国士兵在吴国境内收割了一些稻谷。羊祜知道之后，立刻用同等价值的绢赔偿给吴国。还有一次，晋军士兵在田猎中追击猎物，结果猎物死在了吴国境内，陆抗知道情况之后，要求吴国士兵把捡到的猎物还给晋军士兵。

两个人在个人交往中可以说是惺惺相惜。一次羊祜派使者来看望陆抗，陆抗对使者说：“我认为羊公的德行，即使乐毅和诸葛亮也比不上。”当他听说羊祜喜欢喝酒，立即拿出一坛好酒让使者带回去送给羊祜。羊祜收到酒之后，毫无戒心地打开就喝。手下人怕酒里面有毒，羊祜说陆抗不是这样的人。过了一阵，羊祜听说陆抗生了病，自己配了一副药给陆抗送去。吴军的将领都劝说陆抗不要服用敌人送来的药。陆抗笑着说："羊祜难道是用毒药害人的人吗？"他服下药不久就痊愈了，还特意派出使者向羊祜表示感谢。

陆抗和羊祜不愧为遵循信义的楷模，而三国时期另一位大政治家诸葛亮，对诚信也有深刻的认识。

蜀国丞相诸葛亮曾经长期率领蜀军在前线与魏军对峙争锋。一次战前会议上，诸葛亮和将领、大臣们商议出师祁山的事情。长史杨仪向诸葛亮提出一个建议，他建议采取轮换制，这样可以保护民力，同时也保持前线的战斗力。诸葛亮对这个建议十分赏识，他说攻打中原需要长期的规划，必须考虑长远才能成功，杨仪的建议很好。会后诸葛亮下令将军队分成批次，每一百天轮换一次，保持士兵的战斗力和士气。替换下来的士兵可以从前线回到后方休整。这道命令受到了士兵们的一致欢迎，从此成为惯例。

在随后的军事行动中，诸葛亮亲自率军出祁山攻打魏国。诸葛亮首要的目标是卤城，他在卤城挫败了司马懿的偷袭。从此蜀、魏两军在这一带相持不下，没有发生什么大的战斗。一百天时间很快就到了，蜀军应该开始轮换了。诸葛亮下令让军中一半的士兵按计划进行轮换。士兵们听到这个消息都很高兴，纷纷开始收拾行李，准备回家了。这时突然发生了意想不到的事情：魏国大将孙礼率领雍、凉的二十万兵马来到前线，而且已经向剑阁方向去了。与此同时，司马懿亲自率军进攻卤城。这种突然的变化让蜀军上下人心惶惶。

面对突发情况，很多人都劝诸葛亮先不要按原计划进行轮换，其中也包括开始提出轮换建议的杨仪。杨仪对诸葛亮说："现在敌人大军来势凶猛，大有与我军决战的意思。如果现在进行轮换，不仅造成我军兵力空虚，同时大规模的调动也会给敌人可乘之机。丞相不如将要轮换的士兵多留一段时间，加上即将加入的新兵，可保万无一失。"诸葛亮听到杨仪这样说，微微一笑，说："你说的也有道理。但是我用兵从来都是以信为先。轮换制是早已经定好的，用我的名义下令，全军上下全都知晓。现在突然改变，失去了信义，以后再难领兵。何况轮换的士兵早就等着这一天，现在把他们留下来，不一定会有更大的作用。"诸葛亮下令全军照常轮换，这让士兵们非常感动，他们知道军情十分紧急，没想到丞相还会替他们着想，坚持之前的承诺，纷纷要求留下来参战。结果蜀军在接下来的战斗中士气大振，一鼓作气打败了魏军。

作为政治人物，陆抗、羊祜和诸葛亮在波诡云谲的战场上维护信义的尊严，而在折冲樽俎的外交场上，也有这样的人。

前面讲孙武故事的时候曾经提过季札，他是春秋时期有名的贤能之人。季札被吴王诸樊封在延陵，因此又被称为延陵季子。季札的父亲是吴国的国君寿梦，寿梦的四个儿子里面季札最小，但是最受父亲喜爱。寿梦就想把自己的王位传给他。但

诸葛亮

是季札坚决辞让，说自己的大哥诸樊才应该继承王位，如果一定要让自己继承，自己只能离开吴国。寿梦没有办法，之后传位给诸樊。诸樊坐上王位之后，采取“兄终弟及”的方式，还是希望将王位传给季札。诸樊去世之后，季札的二哥余祭继承王位。

过了几年，吴王余祭派季札作为使者出使鲁国等中原的诸侯国。季札按照当时的礼仪要求，郑重其事地穿好礼服，带上佩剑，坐上马车向北而去。他的第一站是徐国。徐国是吴国边上一个不大的国家。徐国国君对季札早有耳闻，听说他要来，早早就出国都迎接。两个人一见如故，在接待的宴席上谈得十分高兴，颇为投机。徐国国君称赞季札不愧被称为贤人，季札则感谢对方的厚意。徐国国君让季札在徐国住了几天，在临走时还约定回来时一定要再来徐国相见。

离开徐国之后，季札去了鲁国。在那里，鲁襄公盛情款待季札，请他观赏了传统的古典诗乐，包括《召南》《邶风》《郑风》《齐风》《魏风》《豳风》《唐风》《小雅》《大雅》《大武》等等。季札对这些作品作出了精辟的论断与分析，令人大为叹服。离开鲁国之后，季札先后到了齐国、郑国、晋国等地。在齐国，季札与相国晏婴相见恨晚；在郑国，季札与相国子产相谈甚欢；在晋国，季札预言韩宣子、赵文子、魏献子三家会瓜分晋国的政权。

季札这一次周游列国时间很长，回国的路上，他特意再到徐国。没想到出来迎接季札的不是徐国国君，而是他的儿子。原来徐国国君已经去世了，他最终也没能再见到季札一面。季札也十分遗憾，请允许自己到徐国国君墓前拜祭一番。来到墓前，季札肃穆地行了礼。最后要走了，他把自己身上的佩剑解了下来，轻轻地挂在墓前的一棵树上。周围的人看到他这样的举动都愣住了，因为按照当时的礼法，佩剑是不能离身的。侍从忍不住问了出来："公子，您把佩剑挂在这里是什么意思啊？"季札说："我要把这把剑送给徐君。"侍从说："您已经拜祭过了，心意已经到了。"季札说："我第一次来到徐国的时候，徐君看见我的佩剑就十分喜欢，但他知道我还要出使诸国，不能没有佩剑，所以什么也没说。但我知道他的心意，心里已经决定回来之后要把佩剑赠送给他。虽然现在他已经不在了，但是我的承诺不能不实现。我现在把佩剑给他了。"说完之后，季札转身走了，再也没有看自己挂上去的佩剑一眼。

季札对死去的朋友如此守信，确实令人心生敬意。诚信值千金，不可随意舍弃，哪怕要放弃一些东西，也要维护诚信。诚信不能与金钱划等号，因为诚信是更大的财富，刘成全老人的事迹生动地说明了这一点。

北川县曲山镇有一位老人刘成全，他说自己一生都讲原则、讲诚信、讲良心，他觉得值，也努力把这些品德传给下一代。说起来刘成全年轻的时候是大学生，可以有很好的出路。他大学毕业后当上了老师，可是他空有一肚子的知识，却缺少

吴公子像

季札

表达的技巧，也缺乏沟通的能力，很不适合做老师。于是几年之后，他不顾别人的反对和劝阻，毅然决然地放弃了老师这份工作。用他自己的话说，“我不能误人子弟。”

刘成全改行当了电影放映员，在各个乡镇流动放映电影，把快乐带给大家，他自己感觉很满足。有一次，他到曲山镇下面一个偏远的村子里去放电影。当时一场电影的放映费是六块二毛钱，那个村子的村长给了刘成全七块钱。他身上没有零钱，就说过几天再来把该找的八毛钱送来。可是随后几个星期，刘成全都抽不出时间来办这件事，他就托一个邻居把八毛钱给村长带去。这件事就这样过去了。没想到几年后，刘成全已经退休了，他有一次又到了这个村子。刘成全和村子里的人聊天，说起这件事情，没想到那八毛钱还没有给村长。刘成全一听，立刻拿出一块钱，表示这笔钱是一定要还的。几毛钱惦记几年，刘成全把诚信作为自己最高的原则。

三、诚信的重要性

诚信在个人交往和社会生活中都具有无法替代的重要性，可以说，人人都厌恶不诚信的人，诚信的人无论在日常生活中，还是在工作学习中，都更容易赢得别人的信任，更容易走向成功。道理很简单，诚信降低了别人和你的交易成本，对自己、对别人都是一件好事。香港首富李嘉诚的成功就证明这一点。

李嘉诚的成功是从塑胶行业起家的。李嘉诚当时选择塑胶行业是十分精明的，正好顺应了香港经济的转型大潮。在那个时候，塑胶业属于新兴产业，发展前景十分广阔，投资少、见效快的塑胶制品加工，更是适合李嘉诚这种资本并不那么雄厚的小型企业主投资。李嘉诚建立了长江厂，从欧美日进口原料，而产品则首先占领本地市场，很快进军海外。敏锐的商业嗅觉和勤劳肯干让李嘉诚的事业蒸蒸日上。

就在他一帆风顺的时候，意想不到的事情发生了。有一家客户投诉长江厂的塑胶制品有质量问题，强烈要求退货。如果仅仅是退货还不是什么大问题，但当李嘉诚手中的订单很多，必须加大马力生产。在这种情况下，如果继续生产，老旧的设备和并不算熟练的工人还会再生产出质量欠佳的产品，客户的投诉依然会出现，赔偿给客户的钱就能让厂子破产。如果停止生产，进行彻底的整顿，那库房里满满当当的产品就会让李嘉诚的资金链断裂，更多的新客户也不会再和他合作。与此同时，原料商和银行听到消息，都纷纷来要钱，以前可以拖一段时间再付的钱，现在必须立刻付清；以前优惠的贷款，现在必须全额偿还。这样前所未有的考验让李嘉诚如同热锅上的蚂蚁，不知如何是好。

李嘉诚在厂子忙了一天，回到家里只有母亲像平常一样给他做饭、和他说话。母亲借用故事为他解惑。那是一个关于选择的故事。一座古寺的住持知道自己离开人世的日子快到了，必须要在两个弟子中选择一个继承自己的衣钵。他把两个弟子叫来，给他们两袋谷种，让他们去种谷子，等到收获之后拿着自己的收成来见自己。谁的收成多，谁就可继承自己当古寺的住持。到了收获之后，大弟子的收成是一担谷子，二弟子却没有什么收成。住持问二弟子是怎么回事。他不好意思地说，自己的谷子没发芽。住持没说什么，便把自己的衣钵交给了他。回过头来，住持对大弟子说：“我给你们的谷种全煮过了，根本就不可能发芽。”

李嘉诚明白母亲故事的含义了：做人处世，诚信为本。他明白自己应该怎么做了。第二天他回到厂子，首先召开全体员工大会，承认自己以前的错误，表示今后一定要以质量为先，坚持诚信的原则。之后他去找银行、原料商和客户，坦诚自己的处境，寻求谅解。与此同时，李嘉诚下到车间，从头开始提高产品质量。在为回笼资金销售的积压产品上一律表明“次品”，绝不欺骗消费者和零售商。经过这样的努力，李嘉诚挽回了自己的信誉，也拯救了自己的事业。

李嘉诚的发家史说明，即使是在以利为先的商场上，依然需要诚信，也看重诚信，诚信的人也依然受到欢迎。人守诚信，不是因为怕别人知道什么，也不是怕自己因不守诚信而遭到什么损失，而是坚持一种信念。这种信念不仅会成为一个人的立身之本，而且会在人与人之间传递下去，就像陈嘉庚和郭金荣的故事一样。

陈嘉庚先生出身于华侨世家，他在南洋经商致富。有了钱之后，他一直在为国家的富强、民族的独立出力，不辞劳苦地奔走了一生。陈嘉庚把自己一生积累的财富大部分捐献出来，兴办教育、支援国家的建设，为民族的复兴出力。这种爱国主义精神难能可贵。陈嘉庚先生是一个成功的商人，富有远见卓识，但他的成功更离不开对诚信的坚守。

1904年，陈嘉庚父亲的企业因为经营不善破产关门。遭受这样严重的打击，陈嘉庚的父亲一病不起，不久就去世了。父亲之前为了挽救工厂，欠下了巨额债务。按照当时的法律，陈嘉庚不需要偿还这些欠款。但陈嘉庚却主动背上了这个沉重的包袱，他向债主们作出保证：“只要我陈嘉庚还活着，欠你们的钱就一定会偿清！”这时，家里为了还债，已经将家产变卖殆尽，父亲只留下一家米店，米店的账上不仅没有钱，还欠了一堆债。债主们都觉得陈嘉庚只是说说大话而已，谁也不相信这个年纪轻轻的小伙子能还清欠债。但是，陈嘉庚并没有食言。他每天起早贪黑地工作，把全部的精力都用来经营米店，米店的生意一天天好起来了。经过几年的时间，陈嘉庚终于有了一些积蓄。他立刻找到以前的债主，连本带息地还清了欠款。有些债主已经搬家到别的地方去了，陈嘉庚花了很多时间才找到他们。当他出现在面前的时候，债主们都惊讶得张大了嘴。这件事情让陈嘉庚的“一诺万金”的名声传开了。从此人们对陈嘉庚的商业道德非常有信心，越来越多的人来找他做生意。

李嘉诚、陈嘉庚，都是名满天下的人物，他们的共同点就是坚守诚信的原则，有这样一对兄弟，他们的生意和这几位没有办法相比，但是他们的行为一样值得尊重。

孙水林、孙东林兄弟俩是承包工程的建筑商。两个人家里的条件并不富裕，从小就出去打工。孙东林还记得自己上初中的时候，哥哥孙水林带自己去一家建筑工地打工，整整干了十多天，辛苦就不用提了，可是最后老板找了种种借口，一分钱工资都没给他。这件事情让他刻骨铭心。哥哥孙水林遇到的这

陈嘉庚

种事情也不少，只不过沉默寡言的他不愿提起而已。

通过自己多年的努力，两个人有了一点积蓄，准备自己干。孙水林带着弟弟孙东林组织起一支建筑队。他们到各地承包建筑工程，凭着诚实的态度和辛勤的劳动，队伍逐渐越来越大，最多的时候有二百多人，湖北、河南、河北、内蒙古的都有。因为之前要不到工钱的遭遇，孙水林一直坚持按时给工人发工资。他说："这些工人辛辛苦苦干了一年的活儿，最后没有拿到工钱，第二年就再也不来了。我们自己也打过工，必须想到这一年。"这些年来，很多时候他们还没有拿到来款，有时候工程暂时停工了，但无论多么困难，他们两个也决不拖欠手底下工人一分钱工资。这成了兄弟俩一条不成文的约定，一个不变的承诺。孙水林经常说一句话：新年不欠旧年薪，今生不欠来生债。所以兄弟俩无论发生什么情况，每年过年之前，一定要把工钱发到工人的手中，他们才能安安心心地过一个年。

这一点说起来容易做起来难，孙东林说哥哥经常把自己的钱拿出来，给工人们垫付工资。有时候钱实在紧张，他们就按照工人离家的远近，把钱先给离家远的工人，让他们有时间提前回家过年；离家近的员工就在腊月二十九发放，发工资绝不过年。工人的工资是一笔巨款，两个人有时要在银行排上很长的队伍才能取出这么多钱来，看到工人们高兴地拿到自己工资，他们比什么事情都高兴。

2010年2月，两个兄弟在天津带工人干了一年，现在正在准备给工人发工资过年。孙水林因为工程款难收，特意让弟弟帮自己准备一些钱，免得到时候临时筹措不出来。孙东林给自己的哥哥筹集了十几万的现金，等孙水林一到自己家，就把这些钱全都交给他。孙水林带着钱，和家人一起，往家乡赶回去。兄弟俩没有想到，这一别竟然是永诀。

第二天早上，孙东林拨打哥哥的电话一直无人接听，给家里打电话也说还没有见到他们的人影。他心里就有一些不安的预感，立刻开车沿途寻找。不顾冬日的寒风，他整整开了一天一夜。2月11日上午，孙东林在兰考县人民医院看到哥哥一家人的遗体。原来孙水林遇到了车祸，全家人不幸遇难。当时孙东林受不了这样的打击昏倒在地。醒来之后，孙东林悲痛万分。他一边给哥哥处理后事，一边收拾遗物。他在哥哥撞烂的小轿车后备箱里取出二十多万元现金，这是准备回去给工人发工资的。孙东林当时就在想，“哥哥生前从不欠工人一分钱工资，我要替哥哥结清工钱，让他走得安心。”有了这个想法，孙东林立刻动身往家乡赶。腊月二十九，孙东林终于回到了湖北黄陂老家。

家人听到这个噩耗都难过得说不出话来。孙东林把自己发工资的想法一说，家里人一开始想先处理孙水林的后事。孙东林说结清工资是哥哥的心愿，我们不能让他走了还不安心。发工资不过年，这是咱们家的规矩，也是哥哥对工人们的承诺。

哥哥虽然走了，这个承诺不能变。说服了家人之后，孙东林立刻派人通知工人们照常来取工资。

腊月二十九这天，跟随兄弟俩干活的几十个工人都收到了自己的血汗钱。孙东林从早上七点一直忙到晚上八点，一笔笔地把钱交给工人们。他说自己兄弟俩守住了自己的承诺，没有欠工人一分钱工资，可以做到问心无愧了。

信义兄弟的故事感人至深，更说明诚信并不只是利益的考量，诚信本身的价值更胜利益。可以说，诚信反映了人对自己生存信念的一种肯定，诚信的人坚守的不仅仅是一份承诺，更是一种对自己的认识：自己究竟是一个什么样的人。在这样的人心中，诚信是自己做人的根本，钱财可以放弃，但做人的根本不能放弃。

第三章
如何才能做到诚信

一、诚信需要自觉的行动

诚信自古以来就是中华民族的传统美德，在今天依然有着重大的现实意义，无论在日常人际交往中，还是在社会活动中，诚信都发挥着十分重要的作用。那么如何才能做到诚信呢?

诚信需要自觉的行动，必须是发自内心的行为，否则，很容易在对自己的宽容中，犯下难以弥补的错误。人在社会上，要面对众多的考验和诱惑，必须有一种自觉性，才能保持诚信的精神。孟子说“富贵不能淫，贫贱不能移，威武不能屈”，有时候，一个人忠于自己的原则，也必须面对来自方方面面的压力。在压力面前要岿然不动，忠实于自己的原则，如果没有什么压力的情况下，是不是就可以放弃诚信为自己捞取好处呢?

晏殊是宋代著名的婉约派词人、政治家和学者，同时他也是一个诚实的人。晏殊从小聪明过人，七岁时文章就写得很好了，十四岁时一位地方官把晏殊举荐给朝廷，说他是“神童”。当时的皇帝宋真宗非常爱惜人才，听说晏殊很聪明，要亲自面试他。到了面试那一天，宋真宗看到晏殊就很喜欢，出了一道试题让他当场写文章，看看晏殊“神童”之名是不是名副其实。晏殊看了一遍试题，对宋真宗说：“陛下，这个题目我不能做。”宋真宗很奇怪地问为什么。晏殊回答说：“这个题目我几天前恰好练习过，请陛下另外出个题目考我吧。”宋真宗没想到晏殊这样诚实，更加高兴，于是重新拟了一个题目，让晏殊当堂作文。不多一会儿工夫，晏殊已经把文章写好了。宋真宗一看，称赞他写得很好。晏殊文章写得好，人又如此诚实，宋真宗十分高兴，赐晏殊“同进士出身”。

晏殊后来在史馆供职。当时每逢假日，京城的大小官员们就会在城内的酒肆茶馆举行各种聚会，或者结伴到郊外去游玩。晏殊家境贫穷，没有多余的钱去参加这些娱乐活动，别人出去玩了，他只好在家里读读书、写写文章。宋真宗的太子还没有东宫官，他一直想找一个合适的人。这天，宋真宗突然点名要晏殊担任东宫官，大臣们都对这一任命感到十分奇怪，不明白宋真宗为什么选择晏殊担任这样重要的官职。宋真宗说：“大臣们没有工作的时候经常出去游玩饮宴，只有晏殊在家闭门读书写文章。晏殊正是我心目中合适的人选。”晏殊向真宗谢恩，然后说：“陛下，我其实也是个喜欢出去玩，喜欢和大家喝酒的人。不过我自己家没有那么多钱，如果我有钱，早就大臣们一样去玩了。”宋真宗听了晏殊的话之后，对晏殊更为信任了。

晏殊即使按照一开始的题目答题，不告诉宋真宗自己没钱的实情，也并没有什么错。他坚守诚信，并不因为在皇帝面前就改弦更张，这种不因利益而放弃诚信的品德是可贵的。

中国古代有一个成语，叫做“情同朱张”，用来形容人与人之间的友谊深厚，彼此心有灵犀。这个成语的故事的主人公之一就是朱晖，他用行动告诉我们真正的信义要靠心灵去遵守。

朱晖和张堪都是河南宛县人，两个人可以算是老乡。张堪，字君游，家里本来是当地的豪门大族，不过张堪很小就成为了孤儿，他把自己父亲留下来的数百万财产送给了侄子，十六岁的时候，来到长安太学学习。张堪在太学学习认真，品行高洁，被当时的鸿儒们称之为“圣童”。当时汉光武帝刘秀还是一个平民百姓，对张堪十分欣赏。刘秀当上皇帝之后，任命张堪为郎中，此后张堪协助大司马吴汉征讨公孙述，安抚成都的百姓。当时成都的珍宝堆积如山，足够张堪的子孙享受十代的荣华富贵，而张堪卸下职位，回到京城的时候，坐的是一辆破车，连车辕都断了，车上只有布做的被子和包裹。张堪后来担任了渔阳太守，大败入侵的匈奴，鼓励当地百姓开辟田地，史称“渔阳惠政”。当地的百姓自己编了歌来歌颂张堪：“桑无附枝，麦穗两歧。张君为政，乐不可支。”意思是桑树没有多余的树杈，麦子长出了两个麦穗，有张堪当我们的长官，老百姓乐得不得了。由此可见，张堪是一个正直清廉的人。

朱晖和张堪一样，很小就失去了父亲，和外婆一起生活。当时正是新朝（公元9年至23年）末年，天下大乱，到处有盗贼出没，朱晖的家乡也不例外。有一天，朱晖和家人、亲友们走在路上，大白天就碰上了盗贼手持白刃劫掠妇女，抢夺财物。朱晖的兄弟、朱晖外婆家的门客，都吓得趴在地上不敢动。十三岁的朱晖勇敢地站出来，手里拿着一把剑，对那些强盗说："财物随便你们拿走，但是诸位姨母的衣服不许动。今天我朱晖就死在这里了！"强盗们看他这么小却有这样的胆气，笑着对他说："小孩子，放下剑吧。"说完就离去了。朱晖的父亲朱岑曾经在长安学习过，和刘秀认识，刘秀做了皇帝之后，想要找朱岑做官，没想到朱岑已经死了，就把朱晖找到了京城。朱晖在太学行为端正，各位儒者称赞他品德高尚。

在朱晖进入太学之前，张堪并不认识他。张堪在太学看到朱晖之后，十分重视他，不顾两人身份地位的差距，像朋友一样对待朱晖。两个人经常在一起谈论事情。有一次在交谈的时候，张堪抓住朱晖的手臂说："我想把自己的妻子儿女托付给朱先生。"朱晖认为张堪是名重一时的前辈，只是拱手作为回应。后来，两个人就再也没有见过面了，但是朱晖心里一直没有忘记这件事情。

之后朱晖做了官，严格执行法度，当时的人也为他编了歌："强直自遂，南阳朱季。吏畏其威，人怀其惠。"意思是南阳的朱文季（朱晖）刚强正直，官吏惧怕他的威严，百姓怀念他的恩惠。因为他这种性格，得罪了上司，被罢官。他也不在意，回到家乡，住在偏远的地方，穿着布衣，吃饭只吃蔬菜不吃肉。周围的人都讥讽他，说他不通人情。后来发生了大饥荒，每一石米要一千多钱才能买到。朱晖把自己所有的家产都拿出来变卖，买了粮食分给贫弱的百姓，大家都称颂他，对他尊敬起来。

这时候张堪已经去世，因为他清廉自守，妻子儿女都过着贫困的生活。朱晖听说之后，亲自去看望他们，送给他们很多财物，帮助他们渡过生活的难关。朱晖的小儿子对这件事情感到很奇怪，因为他从来没听父亲说起过和张堪有什么关系，他问："父亲您和张堪不是朋友关系，我们平时也从未听您说起过他，您为什么特意去看望他的家人呢，还送给他们那么多的财物？我们都感到奇怪。"朱晖说："张堪经常对我说知己之间才能说的话，那时我已经记在心上了。既然他对我推心置腹，我在心底里也已经将他视为自己的好朋友。当初他拉着我的手将自己的妻子儿女托付给了我，我虽然当时没有说什么，但是在心中答应了下来。做人的根本就是诚信，我不希望你学我做官，而是希望你学我做人，坚守一份诚信。"朱晖的儿子这才恍然大悟。

朱晖不仅在生活上照顾张堪的妻子儿女，告老还乡之后，南阳的太守十分仰慕他，想要举荐朱晖的儿子做官。朱晖找到太守，对他说："你举荐我的儿子，我十分感谢，可惜他的才干不堪做官。我向你推荐一个人，就是张堪的儿子，相信他一定不会让你失望的。”于是，张堪的儿子在朱晖的推荐下当了官，张公子果然德才兼备，为官有为，没有辜负朱晖的推荐，也没有让自己死去的父亲失望。

张堪没有因为身份地位的差别而瞧不起朱晖，而是看重朱晖的品格，朱晖做官之后的表现果然没有让张堪失望。张堪在了解朱晖品德之后，将自己的妻子儿女托付给他，这是一份很重的责任，即使是至亲好友，也很难承诺下来。而朱晖却在心中暗暗地答应下来，张堪对朱晖没有什么恩德，只是像朋友一样对朱晖推心置腹，他相信这对朱晖而言就够了。朱晖当时也没有用语言来做出承诺，而是在自己的心里记住这一份责任。在张堪死后，已经没有人知道当初两个人的嘱托与承诺，但是朱晖还是主动找到了张堪的家人，在生活上帮助他们，进一步把张堪的儿子培养成材。朱晖用行动告诉我们，什么是守信于心，什么是坚守承诺。一个彻底坚持信义的人，不管自己的承诺是否有人知道，只要自己清楚，就一定会尽自己的最大努力去实现，只有这样才无愧于心，只有这样才是真正的诚信。

人无信不立。诚信是我们中华民族的优良传统，即便是在物欲横流、浮躁喧嚣的今天，诚信依然是为人之本、行事之基。可能现在有不诚信的人暂时得益了，甚至坚守诚信的人吃亏了，是不是还需要诚信似乎成了一个问题。可喜的是，与此同时，我们身边又不时演绎着一些平凡人物的不平凡的诚信故事，这些源自真情的感动，浸润着人们的灵魂，养护着每个人的心田，呼唤着传统美德的回归，并督促着每一个人从我做起，从点滴做起，自觉自愿地构建“诚实守信”的和谐社会。重塑社会诚信并非一朝一夕就能做好，但要毁掉却是举手之劳。在一个秩序良好的社会，人人讲诚信，并将诚实守信泛化为日常行为中的一种自觉，不管有没有外人在身旁，都时时用自己心底的道德感约束自己的行为，这才是“诚信”精神的最高境界。

宋濂是明代的著名文学家、学者，与刘基、高启并列为“明初诗文三大家”。朱元璋称他为“开国文臣之首”，刘伯温赞许他“当今文章第一”，四方学者称他为“太史公”。他一生留下了很多著作，曾经担任过朱元璋太子的老师。宋濂从小就非常喜欢读书，他虽然出身贫寒，但曾受业于元末古文大家吴莱、柳贯、黄溍等人。青年时期在外地求学，宋濂因为没有多少钱，经常寄居在客店里，为了节省开支，一天只喝两顿稀粥，衣服也是补了又补。他以求知为乐，把省下来的钱都用来买书学习了。他这种学习的精神一直到老都没有变过，“自少至老，未尝一日去书卷，于学无所不通”。

宋濂小时候就很爱读书，读完了自己家的书，他就向藏书多的人家借书读。人家看他这么爱学习，也愿意把书借给他。当地郑氏家里藏书非常丰富，宋濂常常从郑氏借书。宋濂借到好书的时候，经常爱不释手，可书是从别人那儿借的，到时候

宋濂

要归还，所以他就一个字一个字地把书全部抄写下来，然后再慢慢读，仔细品味其中的意思。

一次，他从郑氏借到一本书，读得爱不释手，就想抓紧时间把它抄下来。可是这部书很长，还书的时间快到了，白天抄了一天还是抄不完，宋濂只好连夜点灯抄书。当时正是冬天，天气冷得滴水成冰。宋濂的母亲心疼他，劝他说："孩子，夜里这么冷，明天再抄吧，晚一天还给人家也行。"宋濂说："我之前和人家说好了，这本书到期限就要还，我不能不讲信用，如果我经常逾期不还，以后还有什么人会借给我书呢？说话做事要讲诚信，不能失信于人。"就这样，宋濂整整抄了一晚上。第二天一早，天上下起了鹅毛大雪，宋濂很早就起来，早饭都没吃，在风雪里到郑氏的门口等着，终于按照约定的时间把书还给了郑氏。郑氏见宋濂在这样恶劣的天气里依然来还书，十分感动，告诉他随时可以来看书、借书。

宋濂渴望知识，又坚守诚信，可以说具有高度的自觉性，对当代的青少年有着榜样的作用。

二、诱惑和考验面前不动摇

人生在世，总要面对很多诱惑。如何在诱惑面前保持诚信，是一个值得深思的问题，也是每个人都会遇到的问题。

查道是宋代著名的大臣。他曾经担任馆陶尉，馆陶尉的主要工作就是收税。当时州里对收税这件事情管理非常严格，如果官吏们收上来的税与规定的数额不一致，这些人都要戴上枷作为惩戒。有一次就发生了这种情况，很多人包括查道在内，都被戴上了枷锁。不过长官一走，官员们出了门便纷纷自己把枷去掉，只有一个人没有这样做，那就是查道。他一个人戴着枷继续去催缴欠税。他从富户查起，严格按照规定办事。百姓见到这样的情况，纷纷补交了税款。

除了收税，查道还善于安民。他在果州任上的时候，一个叫何彦忠的人纠集二百余人造反，朝廷之前曾经派人招安，但是没有什么成效，决定派军队进攻。查道认为这些人中大部分都是被迫的，不忍心他们就这样丧失生命，于是他只带几个仆从再次前去劝降。这二百多人里面有不少人认识查道，知道他是一个好官，就说："查知州是不会害我们的。"再一听查道的话说得很诚恳，就纷纷表示认罪伏法。查道没有严厉惩处他们，反而给他们发了一些钱，让这些人回家种地，以后安分守己地过生活。朝廷接到查道的报告之后，认为他做法得当，下诏对他进行褒奖。

查道的事迹很多，其中最表现他诚信精神的是吃枣留钱的故事。有一天，他带着仆人到下面的村镇体察民风。正在路上走着，看见路边一棵枣树上挂满了枣子。仆人从树上摘了一些枣子，吃了觉得很甜，就多摘了一些给查道。查道吃完之后，让仆人在枣树树枝上挂了一串钱。仆人说不用了，周围有没有人，也不知道这枣树有没有主人。查道说："吃了人家的枣子，付钱是应当的，有没有人都要给。"

吃几个枣，没有多少钱，不留钱，枣树的主人估计也不会在意，可是查道不这么认为，他认为在小事情上不能坚守原则，在大事上也不会有诚信可言。诚信不分涉及的价值高低，只与自己的坚守有关。

著名学者温琏是燕国地方的人，曾经担任过幽州从事。有一次他在市场上闲逛，正好有个人在卖漆灯架。温琏看了一下，还比较喜欢。那灯架黑黑的，温琏以为是铁的，就出了很少一点钱，卖主也没有还价。买回去过了几天，家里人想用这个灯架放蜡烛，觉得太脏了，就用布擦拭了一番。结果擦完了发现灯架不是铁的，而是用银子做的。这一下家人十分高兴，都过来看。只有温琏并没有什么高兴的样子，他说：“这不是我们应该得的，有什么可高兴的，应当还给别人。”于是他就到市场上去找那个卖灯架的人，找到之后，温琏告诉他事情的经过。卖主说自己并不知道那灯架是银的，当初既然已经卖给了温琏，就不能再反悔。温琏坚持要把灯架还给他，表示自己不能要。卖主拗不过温琏，只好将灯架收下，到别的地方卖出了四五万钱的高价。他拿出其中一半送给温琏表示酬谢。温琏坚决不收，表示收了有违自己的诚信之道。人们听说了这件事情，都十分感佩。

古人说“君子爱财取之以道”，不是自己应得的东西就不要，这是很多人在幼儿园都学过的道理，可是真正做到却不容易。不用说让出到手的利益，就是自己不应得的利益，很多人也不愿意放手。关于这一点，可以从以下的故事中得到启示。

陈策是南宋时候的人。有一天，他去集市上四处转转想买一头牲口，正好有人在叫卖一头骡子。陈策看这骡子十分壮实，毛色油亮油亮的，很满意，就商量好价格把骡子买了回来。没想到要拿骡子驮东西的时候，只要往骡背上放鞍子，骡子就上蹿下跳，差点把旁边的人都踢坏了。陈策试了好几次都不行，去问养牲口的行家。行家过来看了一下，说是骡子之前用得太狠了，已经不能再驮东西了，虽然看着很好，但不能再用了。

陈策知道自己上了当，花了大价钱买了一匹不能用的骡子，就让家人把骡子养起来。家人有的主张去找卖主，有的说把骡子卖出去，还有的说干脆把骡子杀了。这些做法陈策都不同意，他说："别人骗了我，我不能再去骗别人，这头骡子就这样养着吧。"

陈策的儿子觉得父亲的想法有些迂，他想自己把骡子卖掉。于是他找到一个牲口贩子，托他瞒着父亲把骡子卖掉。牲口贩子把这头骡子卖给了一个路过的客商。等陈策知道这件事情之后，那客商早已经走远了。陈策十分生气，立刻骑上马去追。陈策顺着大道往前追赶，远远看见有个人在前面牵着一头骡子。陈策走近一看，果然是自己的骡子。他追上去和客商说明了情况。可是客商却怀疑陈策反悔，不想卖这头骡子了，任凭陈策怎么说都不信。陈策说："我以诚相待，你却不相信，我只好在自己家等你。你会知道到底是怎么回事的。"说完，陈策骑马走了。

过了一段时间，陈策正在家里读书，突然外面来了一个客人。陈策一看是那个买骡子的客商。他后来发现骡子果然像陈策说的那样，感到羞愧，特意来向陈策道歉。陈策说："你知道我没有骗你，这就足够了，其他的事情你不必在意。"

五代时期（公元907年至960年）人仲庭预学识渊博，被前蜀的嘉王王宗寿找去当老师教导他的几个儿子。仲庭预学问很高，熟读经典，但是家境贫寒，很多时候连饭都吃不饱，冬天也没有保暖的衣服。因为这个原因，他在嘉王家里也不怎么受人重视。这一年冬天，天气比往年还冷，雪早早地就下来了。嘉王让人送来一只旧火炉给仲庭预，让他取暖用。仲庭预教导完学生之后，坐在炉子旁边取暖，一边用铁筷子拨弄炉灰，拨着拨着，就发现里面有东西。仲庭预仔细一看，原来一对火筷子。他把火筷子拿出来一看，原来是金子做的。仲庭预发现金火筷子之后，马上去见嘉王。嘉王以为他想要东西，或者求自己办什么事情，不愿意见仲庭预，只是让下人告诉仲庭预正在给他做过冬的衣服。仲庭预知道嘉王误会了，就让下人传话说自己不是这个意思，请嘉王一定要见自己一面。嘉王这才勉强地让仲庭预进来。仲庭预把金火筷子拿给嘉王看。嘉王一看大吃一惊，问仲庭预是从哪里发现的。仲庭预说了经过。嘉王感叹地说："这双金火筷子确实是我家的，可是在十年前已经就找不到了。今天你找到它，还能够送回来，真是有古君子之风。"嘉王给仲庭预十万钱、一套衣服和三十石米麦作为酬谢。从此以后，嘉王以上宾之礼对待仲庭预，又推荐他为荣州录事参军。

诚信不能保证给你带来什么，可是能够保证你不失去什么，保证你不失去做人最重要的德行，不失去自己人格的清白。阎敬为第五常保管钱财，俞绘坚持送还借款，都不以失去钱财为忧，而以保持诚信为乐。

汉代的阎敬是太守第五常的朋友，他们经常在一起聚会，谈论学问。后来第五常接到皇帝的诏书，诏书上命令他立刻进京。时间紧迫，第五常带上自己的家人匆忙启程。阎敬给他送行，第五常说自己有一笔钱，带在身上不方便，又没有合适地方保存，就交给阎敬保管。阎敬说你放心吧，钱放在我这里，你可以随时来取。他一直把第五常送出去很远，两个人才洒泪而别。回家后，阎敬把这笔钱收好，放在一个安全的地方，以后再也没有动过。第五常走了之后，就再也没有音信了。一晃十多年过去了，阎敬再也没见到第五常，那笔钱就一直那样放着，阎敬从来没动过。

这一天，阎敬的门人进来通报说有一个青年求见，说他是第五常的孙子。阎敬一听非常高兴，连忙让请进来。那个青年的眉目依稀有几分第五常的模样。阎敬向他询问第五常的消息。原来第五常进京后不久，一家人都染上疫病，最后就剩下第五常和他的孙子了。后来第五常也生了病，他在病床前告诉孙子说："我有一个叫阎敬的好朋友，我死之后，你可以去找他。他那里有三十万贯钱，是我进京之前寄放在他那儿的。"后来第五常就去世了。他的孙子当时正在京中读书，直到学业已成，才来寻找祖父的好友。阎敬说确实有这一回事，说完他将多年未动的钱取了出来，交给第五常的孙子，总共一百三十万贯之多。第五常的孙子看到这么多钱，吓了一跳，问阎敬是不是记错了数字，自己的祖父说只有三十万贯。阎敬说没错，所有这些钱都是你祖父放在我这儿的，可能是他在病中记错了数目。第五常的孙子见阎敬如此诚信，感动得话都说不出来了。

明朝的时候，百官古镇（在今浙江省绍兴市上虞区）上有一个读书人叫俞绘。他从小家境就不太好，但是这个人忠厚老实，学习十分刻苦，是远近闻名的读书人。因为读书刻苦，俞绘先是考上了秀才，后来又在乡试中榜，可以到京城参加会试。这对一个读书人来说，是一件天大的好事。可是俞绘却是喜忧参半。他当然想参加会试，可是从这里到京城的路费他可出不起。百般无奈之下，俞绘只好向乡亲和朋友们开口。大家平时对他印象很好，知道他是一个诚信之人，都愿意借给他钱。就这样，俞绘的路费终于凑够了。

俞绘拿着凑来的路费上路了。一路上，他省吃俭用，尽量节省一文钱。可是天有不测风云，没想到他在沛县住旅店的时候，身上所有的钱都被窃贼偷走了。俞绘坐在地上，真不知如何是好。最后还是店老板出了主意，让他去求沛县的冯县令，看看冯县令能不能帮他。冯县令听俞绘说明来意之后，觉得他是个忠厚老实之人，便取出十两银子送给了俞绘。俞绘千恩万谢说这笔钱是一定还的。冯县令一笑了之，还把俞绘送到大门外。

俞绘到京城参加会试，后来被任命为歙县训导。歙县地处皖南山区，离沛县路途遥远。俞绘上任后，一直没有时间去还钱。但他心里时时刻刻想着欠冯县令的十两银子。终于，俞绘找到一个机会回家，途中路过沛县。俞绘一到沛县就去找冯县令的家，没想到冯县令已经病故了。俞绘听到这个消息十分悲痛，他找到冯县令的儿子冯珏，表示一定要还钱。冯珏说父亲在世时没有提过借钱的事情，也没有留下任何借据，所以这银子我不能收。俞绘说虽然冯县令没有提到过这件事情，可是自己在心里一直记得，这次是专程前来还钱，因为做人一定要遵守信义。冯珏听到这话深受感动，最终收下了俞绘的银子。

俞绘后来主持广东省考试，有人想拿金子贿赂他，俞绘写了一首诗来表明自己的态度：

积德传家福庆深，
黄金难动试官心。
青云不是人情路，
好向窗前惜寸阴。

一旦人有了诚信的名声，那他就像季布一样，一诺值千金，别人难以获得的信任，他可以自然拥有，对一个人来说，这不是一笔极为宝贵的财富吗？有了诚信的名声，必须要用诚信的行动来维护，长久保持，尤为不易。

生活中时时处处有诸多考验，而关于诚信的考验尤为关键，往往一步踏错，就会付出沉重的代价，是坚持诚信还是违背良心，不能不慎重作出决定。

周纯是宋徽宗时的著名画家，他因为不肯指鹿为马而得罪权贵，结果被充军，但他从不后悔。

当时有一位高官尹盛章大办酒席，请周纯前来作画。盛章对周纯说："大师在丹青上的造诣高深，我很久以前就想请大师作画，一直没有这个机会。今天把大师请来，是想请您为我作幅画。"周纯说："承蒙大人厚爱，但不知道大人想画什么，请出个题目吧。"尹盛章思索一会儿，说："遥知不是雪，为有暗香来。这两句咏梅的诗句是我写的，请大师根据这两句诗的意境，画一幅梅花图怎么样？"

周纯一听就愣了，心想这两句是王安石的诗，尹盛章怎么好意思说是他自己的呢？于是他直截了当地说："这两句是王荆公的诗，怎么成了大人的作品呢？大人要我作画，就请拿出自己的诗来吧。"说完拂袖而去。

出来之后，有朋友劝周纯说："尹盛章炙手可热，他说是什么就是什么。你没必要和他分辨到底是谁写的诗，你就照着作画就行了。如果违逆了他的意思，你可是要吃亏的！"周纯十分感谢朋友对自己的关心，但他说："是谁的诗就是谁的？尹盛章的权势再大，那两句诗也变不成他的。我宁愿充军，也不愿意说违心话！"后来，尹盛章果然找借口报复周纯，把他充军到惠州。虽然如此，周纯毫不后悔说了真话。

周纯不避充军的危险也要说实话，而高允更是认定事实，不肯将责任推到别人身上，哪怕杀头的危险就在眼前。

北魏是鲜卑族拓跋部人建立的。拓跋部在东晋时期是东北的一个游牧部落，后来逐步建立了封建制度。公元386年，北魏道武帝拓跋珪建立北魏，吸收大量汉族士人到政权中，帮助他巩固统治。这些人中最有名望的就是崔浩。崔浩在北魏朝廷中地位十分重要，经历了北魏三代皇帝。魏太武帝即位后，崔浩被任命为司徒。魏太武帝派崔浩修订国史。崔浩在编写国史的过程中，暴露了很多鲜卑贵族的过错，引起众怒。魏太武帝将参与这件事情的人统统抓了起来。

太子的老师著作郎高允也参与了国史的编写。太子提前得到这个消息，立刻把高允找到东宫，让他明天和自己一起去见魏太武帝，到时候什么话都不要说，看我的眼色行事。第二天魏太武帝问高允，国史究竟是谁写的。高允老实回答说："崔浩总理其事，具体都是我和别的著作郎执笔写的。"太子一听就着急了，说高允见到皇帝害怕，所以才这么说。高允明白太子是想救自己，但他并不想把责任推到崔浩身上，还坚持说是自己写。魏太武帝看到高允在这种情况下还坚持说真话，也有些感动，就赦免了他。

高允是幸运的，他是太子的老师，太子帮助他躲过了一劫。但高允的诚信并不为此而减色，一个人坚守诚信，不管最后的结果如何，都已经做到了问心无愧。

后记

讲了那么多关于诚信的故事，有一个故事不能不讲。孔子周游列国的时候，曾经路过卫国的蒲邑。正好当时公孙氏在那里作乱，有几个参与的人害怕孔子把这里的消息传出去，就威胁孔子说：你必须许下诺言，不去卫国的都城，不把蒲邑的事告诉都城的人，我们才会放你走。不然的话，你就永远别想走了。孔子一口答应了他们的要求，与蒲人约定不去卫国的都城。

约定好后，蒲人就让孔子离开。孔子带领弟子往卫国都城方面就走，根本也没管之前的约定。孔子的弟子子贡问："您是要去卫国的都城吗？"孔子说："是啊。"子贡问："您不是与蒲人约定不去卫国都城吗？"孔子说："是的。"子贡问："约定之后不去遵守，您不就成了不守信用的人？"孔子对子贡说："不去卫国都城难道是我们愿意的吗？"子贡说："不是，是蒲人强迫我们的。"孔子说："强迫别人作出约定，是仁义吗？是明智吗？"子贡说："当然不仁义、不明智。”孔子说：“那对不仁义、不明智的人，我们又为什么要守信用呢？”

中华民族自古以来就十分重视道德观念、重视对自身人格的建设，重视诚信在个人修养和社会生活中的作用。在今天新的历史下，要大力加强社会主义核心价值体系建设，“倡导富强、民主、文明、和谐，倡导自由、平等、公正、法治，倡导爱国、敬业、诚信、友善，积极培育和践行社会主义核心价值观”。诚信又一次突显出来，在社会主义核心价值体系中，占有十分重要的位置。可以说，一个人没有诚信，在社会上就寸步难行。究竟该怎么培养自己的诚信呢？我们要从传统中汲取精神力量和智慧，从今天社会的感人事迹中接受鼓舞，从平时的一点一滴做起，与此同时，还要像孔子一样，由“诚”而“信”，在诚信这个问题上，言语很重要，行动更重要，而绝不能忘记忠实于自己的本心，只有这样，诚信才能从内到外地成为一个人固有的人格价值。